第二版

学说上海话

【内附MP3光盘】

丁迪蒙 著

上海科学技术文献出版社
Shanghai Scientific and Technological Literature Press

图书在版编目(CIP)数据

学说上海话/丁迪蒙著. —2版. —上海:上海科学技术文献出版社,2015.1(2024.10重印)
ISBN 978-7-5439-6418-1

Ⅰ.①学… Ⅱ.①丁… Ⅲ.①吴语—口语—上海市 Ⅳ.①H173

中国版本图书馆 CIP 数据核字(2014)第 264463 号

责任编辑:忻静芬
封面设计:周 婧

学说上海话(第二版)
丁迪蒙 著
出版发行:上海科学技术文献出版社
地　　址:上海市淮海中路1329号4楼
邮政编码:200031
经　　销:全国新华书店
印　　刷:常熟市人民印刷有限公司
开　　本:850×1168　1/32
印　　张:9.125
字　　数:237 000
版　　次:2015年1月第2版　2024年10月第8次印刷
书　　号:ISBN 978-7-5439-6418-1
定　　价:35.00元
http://www.sstlp.com

内 容 提 要

　　本书以作者创设的"丁氏上海话音标"为上海话注音,学习者只要掌握其中四个特殊语音,就可以开口说上海话,与人交际。本书场景对话贴近日常生活,均为市民的口头语言,生动而不乏幽默,好学好记。

自 序

方言的存在,是一种复杂的社会文化现象。当经济还比较落后,人们的经济生活还处在比较低级的层面,大多数人还只是在相当狭小的地域里生活时,方言就产生并且不断地加固、衍生、独立出来。一旦大生产出现,人们渐渐告别"鸡犬之声相闻,老死不相往来"的局面,而大规模的人员往来已经成为习惯时,方言也就会慢慢拆除它们固守的藩篱,"说"出一条广阔的交际大道来。因此,方言是当地人们对休养生息的土地的眷恋,是对绵延不息的生命的挚爱,是对口头丰富文化的传承,是对先民生活的崇拜。

方言又是一种漫长的历史迹象,一种几乎难以觉察的历史变迁,在较短的时间内,人们很难触摸到它的变化轨迹;方言还是一种文化习俗,所谓"少小离家老大回,乡音无改鬓毛衰",就是这种文化习俗的形象描绘。

方言是最鲜活的口语,它有着最生动丰富的词汇,最独特亲切的表达情态。人们在说悄悄话时,在表达细腻感情时,在说些带有较大隐私性话题时,甚至在吵架时,之所以特别喜欢使用方言,就是因为它具有最为复杂而又细腻,全面而又精确的情感表达功能。丰富多彩的方言能使人们的表述呈现出极为精彩的状态。如果在异国遇到了同乡,会用什么语言来进行交流呢?大都会用家乡话来互叙衷肠——亲不亲,故乡音。故乡的概念和表象,也许最多地存在于方言之中,尽管它们显得有点"土里土气"。

上海自设县以来,至今已有700多年的历史了。谱写着这个

文明史的成千上万勤劳、聪慧的上海人民,由于互相交际的需要,逐渐形成了一种共同的地域方言,那就是上海话。

上海话是一种非常活泼的语言,有着犹如江南水网、江南小巷那样曲折纵横、四通八达的传统基因。她那极为广阔的扩展和引申含义,她那特别容易勾起亲情、乡恋的吴侬软语,她那幽默的江南生活底蕴,她那具有特定语意场景的近代文化背景,常常使得上海人在互相表达时会不由自主地运用她,或者说,只有运用了她,才能感到语言的表意功能发挥到了极致。上海人经常运用本土方言,把自己心中最细微的感受表达无遗。在家里,在近旁都是上海人时,使用方言往往能够更好地表达思想情绪。因为只有通过使用同一种方言,才能更传神地表达感情和情绪。

另外,会说方言,又成了拉近当地人和外地人心理距离的重要手段。作为外来朋友,只有了解了句子的确切含义,才能把当地人心中的一些最细微的感受理解透彻。当你居然能开口说句"阿拉一道去白相"时,地域沟壑与心理隔阂就立刻消除了。

经常能看见这样一幅标语:"请说普通话"。推广普通话是一项重大国策。我们国家地域广大,人口众多,民族也多,推广普通话对于我国的政治、经济、文化的发展意义巨大。但推广普通话和学习、使用、传承方言并不矛盾。

基于这样的思考,作者编写了本书。希望来到上海求学工作的外地朋友,希望已经落户在上海的新上海人,希望上海的中小学生及幼儿园的孩子们都学一点上海话。本书中选用的对话都是经过精挑细拣的,是最具"阿拉上海人"特色的大众口语,有极大的生活情趣和地方风味。掌握了书中所选的这些对话后,你可以在幽深的弄堂里,在典雅的石库门旁,在热闹的菜市场上,随时听懂这些熟悉而亲切的语言。

掌握语音规律是学好语言的基础,只要懂得了规律,许多问题就可以"以此类推"迎刃而解了。语言又是交际的需要,只有在交际中才学得快,学得好。学习者应该在任何有上海人说上海话的地方多听听,多讲讲。

希望你通过对本书的学习,尽快地融入上海的都市文化之中。

望 侬 快点成为阿拉上海人!
mang nong kua di sen w哎 ak lak sang h哎 nin

丁迪蒙

2014 年 2 月写于三林寓舍

dingdimeng@hotmail.com

目录 CONTENTS

绪言　上海话很简单／Ⅰ

第一部分　学说上海话的基础

一、上海话声、韵、调概说／1

二、唇音 b b̲ p m f v／4

三、舌尖中音 d d̲ t n l／9

四、舌根音 g g̲ k ng h h̲／13

五、单韵母"哎"／17

六、单韵母"安"／21

七、单韵母"凹"／25

八、单韵母"欧"／29

九、舌面音 j j̲ q x x̲／33

十、舌尖前音 z c s s̲／37

十一、韵母 en in ang ong／41

十二、入声韵母 ɑk ok ik üek／46

十三、零声母音节／50

十四、"低　底"——上海话声调（一）／54

十五、"第"——上海话声调（二）／59

十六、"滴笛"——上海话声调（三）／63

第二部分　上海话会话

一、介绍认识／70
　　（附：家族称谓词语）
二、家族成员称谓／77
　　（附：各类商店词语）
三、在公交车上／84
　　（附：交通工具、颜色词语）
四、聊天(1)／90
　　（附：蔬菜、豆制品类词语）
五、有关衣物／97
　　（附：衣服鞋帽类词语）
六、付各种费用／104
　　（附：水果类词语）
七、吃饭／110
　　（附：厨房、首饰词语）
八、谈论健康／116
　　（附：有关动词）
九、接朋友／122
　　（附：粮食、饮料类词语）
十、过节／128
　　（附：有关形容词）
十一、聊天(2)／134
　　（附：有关点心店、证件类词语）
十二、生病／140
　　（附：医院、病症类词语）

十三、休闲娱乐／147
　　（附：体育、江河类词语）

十四、谈论天气／153
　　（附：气象类词语）

十五、家居生活／159
　　（附：房间、橱柜、卫生类词语）

十六、谈论电影戏剧／165
　　（附：娱乐类词语）

十七、讨价还价／171
　　（附：鱼肉类词语）

十八、美容／177
　　（附：姓氏、省地名）

十九、谈论股票／183
　　（附：市地名）

二十、学校教育／190
　　（附：有关学校用语）

二十一、买房子／197
　　（附：有关浙江、江苏地名）

二十二、电脑、上网／203
　　（附：有关区县、路名）

二十三、洗头／210
　　（附：日用品类词语）

二十四、住饭店／217
　　（附：点心类词语1）

二十五、爱情对话／223
　　（附：点心类词语2）

二十六、何时再来／230
　　（附：有关国家名称）

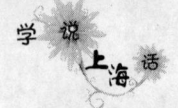

二十七、游玩大上海／236

(附：有关五官、身体类词语)

二十八、小菜涨价了／243

(附：有关花草树木词语)

二十九、方言避讳／251

(附：有关禽兽类词语)

三十、我会说上海话了／258

(附：有关昆虫类词语)

附录　上海儿歌辑选

1. 鸡鸡斗／265
2. 新剃头／265
3. 背背驼／265
4. 冬瓜皮／265
5. 捉蜻蜓／265
6. 赖学精／265
7. 敲洋钉／266
8. 落雨喽／266
9. 哭烛包／266
10. 香乌笋／266
11. 排排坐，吃果果／266
12. 金锁银锁／267
13. 拉拉小辫子／267
14. 上楼梯／267
15. 小螺蛳／267
16. 新年到／268
17. 好宝宝／268
18. 讨小狗／268
19. 一到十／268
20. 上海小吃／269
21. 嘟嘟飞／269
22. 尾巴／269
23. 称呼／270
24. 抽中指／270
25. 摇到外婆桥／270
26. 本来要打千千万万记／271
27. 骑马到松江／271
28. 数数歌／272
29. 小皮球／272
30. 十二月歌／273

绪　言　上海话很简单

许多人感觉上海话很难学,也难以听懂。特别是其他方言区的朋友们,更是常常听得一头雾水。

其实,上海话很简单,仅有4个与普通话不同的特殊韵母,只要掌握这4个韵母的发音,就已经"基本"学会了上海话。

本书采用的上海话音标是作者创设的,故称为"丁氏上海话音标"。这是一种简单、易行、方便、形象的上海话注音方法。

为了方便学习者掌握这4个韵母,作者还特意设计了"哎　安　凹　欧"顺口溜,在学习初期,大家一定要多读读这4个字的顺口溜,最好能背出来。只要产生了一定的语感,再学后面内容就比较简单了。

相信大家能在短暂而又极为有趣的氛围中学会上海话。

"哎　安　凹　欧"顺口溜

哎
来来来, 侬 来伊来大家来,侪到阿拉屋里来。
l哎 l哎 l哎　nong l哎　yi l　da ga l哎　　s哎 d凹 ak lak ok li l

安
衣 裳 穿穿,电影看看,钞票算算,饭碗端端。
yi sang c安 c安　di yink安 k安　c凹 pi凹 s安 s安　v哎 安 d安 d安

凹
摇啊摇,摇到外 婆桥。 外 婆叫 我好宝宝。
y凹 a y凹　y凹 d凹 nga bu ji凹　nga bu ji凹 ngoh b凹 b凹

欧
落雨喽, 打 烊 喽,小八辣子开 会喽。
lok yu 欧　dang yang l欧　xi凹 bak lak zi 哎 hu 哎 l欧

I

第一部分 学说上海话的基础

一、上海话声、韵、调概说

1. 上海话声母

上海话声母表

[p]	爸	帮	比	[p']	飘	胖	披	[b]	跑	旁	皮
[m]	每	闷	木	[f]	飞	芳	富	[v]	负	文	佛
[t]	多	东	德	[t']	体	厅	贴	[d]	头	洞	道
[n]	拿	农	脑	[l]	林	浪	拉	[ts]	灾	早	则
[ts']	草	苍	菜	[s]	手	双	色	[z]	查	曾	石
[tɕ]	九	叫	接	[tɕ']	取	千	巧	[dʑ]	桥	穷	强
[ɲ]	验	银	肉	[ɕ]	西	熏	萧	[ʑ]	谢	象	席
[k]	干	工	高	[k']	看	空	靠	[g]	葵	共	憨
[ŋ]	我	昂	额	[h]	好	海	虎	[ɦ]	浩	云	活

零声母：袄 因 弯

上海话声母大部分和普通话相同。普通话同样有的辅音声母：

```
b p m f
d t n l
g k h
j q x
z c s
```

普通话没有的上海话浊辅音：

<u>b</u> <u>v</u> <u>d</u> <u>g</u> <u>n</u> <u>g</u> <u>h</u> <u>j</u> <u>x</u> <u>s</u>

1

　　这些音是吴方言地区特有的,和英语的一些音发音很相似。因此,只要会说英语,上海话就已经学好了一半了。比如 book、desk、god、zoo、very、job,这些英语的第一个字母的读音和上海话浊辅音声母几乎是一样的。

　　在下面的语音学习部分,我们将着重讲解那些普通话里没有的声母。请注意,在笔者设计的上海话拼音里,除了 v 和 ng 这两个浊辅音外,其他浊辅音下面都划有一条小横线,当你看到声母下面带有小横线时要注意读出浊音来,请仔细辨别。

　　另外还要注意的是:上海话有文白两读。比如"家",声母为 g 的是白读,即口语音;说"人家"时用 g。声母为 j 的是文读,读书时的语音,说"家庭"时用 j。再如"交通",这个"交"念"j",是文读;而在"我交作业"时的"交"要念"g",是白读。

2. 上海话韵母

上海话韵母表

[m]	姆	亩	呒	[ŋ]	五	鱼	一(奶)	[ər]	而	尔	儿
[ɿ]	使	吹	书	[o]	霸	麻	花	[i]	未	起	前
[u]	舞	多	土	[y]	余	旅	需	[A]	拉	加	泰
[iA]	写	嗲	爷	[uA]	怪	坏	娃	[ɔ]	包	刀	嫂
[ɔi]	要	小	料	[ɤ]	口	走	臭	[iɤ]	酒	修	流
[E]	每	采	山	[iE]	廿	械	也	[uE]	回	块	灰
[ø]	安	赶	贪	[uø]	碗	观	欢	[yø]	玄	软	卷
[ā]	冷	浪	章	[iā]	两	像	旺	[uā]	横	汪	荒
[ən]	本	等	春	[in]	今	丁	请	[uən]	温	混	昆
[yn]	军	群	训	[oŋ]	中	梦	龙	[ioŋ]	兄	绒	永
[Aʔ]	杀	辣	吓	[iAʔ]	药	脚	略	[uAʔ]	挖	划	刮
[oʔ]	角	北	绿	[ioʔ]	肉	玉	浴	[əʔ]	勒	割	色
[uəʔ]	活	骨	扩	[iiʔ]	笔	吃	一	[yʔ]	屈	月	雪

其中和普通话一样的有：

a o i -i u ü er ang ong

也有些与普通话不同的韵母。主要有：

(1) in、en

这两个既非前鼻音——没有舌尖顶上齿背的动作；也非后鼻音——舌位不靠后。发音时放在中间即可，俗称中鼻音。有些教材写成 eng、ing，不管怎么写，性质都一样。

(2)"哎、安、凹、欧"

这四个特殊单韵母是吴方言区方言特有的，只要会发这些韵母，学上海话就很容易了。书中有专门章节详细介绍。

(3) a_k、i_k、o_k、yue_k

韵母最后带 k 的属于入声韵，一出声音就堵塞住，因此它们的发音非常短促。这是留存在方言里的古代语音，是十分宝贵的语言活化石。书中也有专门章节将详细介绍。

3. 上海话声调

这里说的上海话声调，是指市区的新派上海话声调。

上海话声调

调类	代号	调值	例字
阴平	1	53	边低机加西
阴去	2	34	比底几假戏
阳去	3	13	皮第其茄徐
阴入	4	**5**	笔滴急夹吸
阳入	5	23	别迪及轧席

上海话声调和普通话的有很大差异。书中也有专门章节详细介绍这些声调的发音特点及它们和普通话之间的一些对应规律。

二、唇音 b b̲ p m f v

这是一组利用嘴唇发音的声母。大部分和普通话一样,多了两个浊辅音:b̲、v。

b	波	爸	鞭	帮	包	奔	搬	蹦
b̲	**步**	**败**	**皮**	**旁**	**跑**	**盆**	**伴**	**篷**
p	铺	派	批	胖	抛	喷	盼	捧
m	母	妈	美	马				
m̲	**忙**	**迷**	**门**	**蒙**	**蚊**	**味**		
f	富	发	非	芳	翻	分	风	火
v	**负**	**伐**	**肥**	**房**	**饭**	**份**	**奉**	**浮**	**文**

1. 浊声母发音特征

(1) b̲

英语的"书"book,第一个字母的发音就是上海话里的b̲,上海话中有个字"薄",只要不读出后面的k,那读音和book几乎是一样的。

也可利用普通话来推。普通话中"鼻子"的"鼻","拔河"的"拔","不要"的"不",实际上就是上海话"皮包"的"皮","排队"的"排","步子"的"步"的读音。也就是说,阳平声(俗称第二声)的声母,其实就是发浊辅音的。

国际音标写作[b]。

(2) m̲

普通话的m本就是浊辅音,不少已经轻化,但在阳平声(俗称第二声)上依然是浊音。如"麻、毛、迷、蒙",等等。有些普通话里念零声母的音节如"问、闻、蚊、味"等,在上海话里保留古音念"m̲"。

(3) v

英语的"很"very,第一个字母和上海话 v 的声母一样。这个音的发音位置和 f 一样,就是要读得重些。very 只要不读出后面的"ry",和上海话"饭"的读音就一样了。

"伟、为、闻、文、万"这些音应该都是零声母 w 开头的,但不少北方方言区的人发音时读成上牙和下唇有接触的"v"。上海话里的"闻、文、万"就是这样发音的。

国际音标写作[v]。

2. 发音练习

(1)

ba	bi	bu	bo	ma	mi
排	皮	步	爬	买	来
mu	mo	va	vi	vu	ben
模	马	伐	肥	附	笨

(2)

bin	bong	bang	bang	men	min
并	蓬	朋	旁	门	民
mong	mang	mang	ven	vong	vang
蒙	孟	忙	份	逢	房

3. 对比辨音

ba	ba	bi	bi	bu	bu	bin	bin
巴 — 罢		编 — 便		波 — 簿		宾 — 病	

bong	bong	bang	bang	ben	ben	fang	vang
蹦 — 蓬		帮 — 旁		奔 — 笨		方 — 房	

4. 词语练习

(1) 训练 1

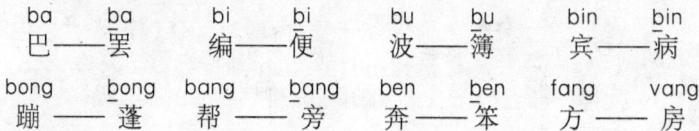

dangba	bad哎	buven	buyin	bib凹	bangbi
打牌	排队	部分	步行	皮包	旁边

m凹bin	mov哎	mangnin	m凹zi	menqiang	m哎g安c哎
毛病	麻烦	盲人	帽子	门腔	霉干菜

(2) 训练 2

b凹bu	ben zi	d凹b安	bang y欧	bo dong	li bong d欧
跑步	盆子	道伴	朋友	爬动	莲蓬头

bi ni	b哎 kak	bang zak	ben d哎	bang zi	bi s凹
便宜	陪客	碰着	笨蛋	防止	肥皂

(3) 训练 3

vu zak	h凹va	vi li凹	vang g哎	qik v哎	v哎 n凹
负责	好哦	肥料	房间	吃饭	烦恼

vong yi	v欧si	vi xin	ven liang	vi yik	qi v哎
奉贤	浮尸	微信	分量	唯一	千万

(4) 训练 4

vak k安	vok tik	vong b哎	ven di	ven ho	vong sen
罚款	服帖	奉陪	问题	文化	缝纫

bin d哎	bi d哎	s安bi	yang b安	bin hen	b凹zi
评弹	皮蛋	随便	洋盘	平衡	袍子

5. 分辨

b　　b　　　　b　　b　　　　b　　b
包子——袍子　　巴子——牌子　　鞭炮——皮包

b　　b　　　　b　　b　　　　p　　b
布置——簿子　　帮忙——旁边　　胖子——防止

b　　b　　　　b　　b　　　　b　　b
鞭子——辫子　　蹦蹦跳——莲蓬头　本来——笨蛋

b　　b　　　　b　　b　　　　b　　b
兵器——瓶子　　编排——肥皂　　班级——陪伴

b　　b　　　　p　　b　　　　b　　b
搬场——盘子　　片子——皮子　　报纸——刨子

b　　b　　　　f　　v　　　　f　　v
巴结——扒手　　福气——服气　　翻身——帆布

f　　v　　　　f　　v　　　　f　　v
反对——饭单　　方子——房子　　飞机——肥料

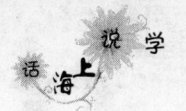

f v	f v	f v
费用——微信	分配——分量	风格——奉陪

b p	v f	p b
平常——拼命	饭桶——翻转	派头——排头

p   b
片头——被头

6. 学讲上海闲话

① 侬 好！张 家 伯 伯。欢 迎，欢 迎！（侬：你。）
　nong h凹　zang ga bak bak　h安 nin　h安 nin

② 请 进。请 坐，来 来 来，吃 杯 茶。
　qin jin　qin su　l哎 l哎 l哎　qik b哎 so

③ 走 好，慢 点 走。
　z欧 h凹　m哎 di z欧

④ 对 勿 起，我 是 勿 当 心 个。（勿：不。）
　d哎 vak qi　ngo si vak dang xin gak

⑤ 勿 要 紧，呒 没 关 系 个。（呒没：没有。）
　vak y凹 jin　m mak gu哎 yi gak

⑥ 辰 光 勿 早 了，我 要 走 了。（辰光：时间。）
　sen guang vak z凹 lak　ngo y凹 z欧 lak

⑦ 再 坐 脱 一 歇 好 哞，难 板 来 个 呀！（哞：语气词。
　z哎 su tak yik xik h凹 l哎　n哎 b哎 l哎 g哎 ya

难板：难得。）

⑧ 葛 我 送 送 侬。有 空 再 来 噢。（葛：那。噢：
　gak ngo song song nong　y欧 kong z哎 l哎 凹

语气词。）

⑨ 再 会 噢，下 趟 再 来 白 相。（下趟：下次。）
　z哎 w哎 凹　ho tang z哎 l哎 bak xiang

⑩ 阿 拉 电 话 联 系，再 碰 头。(阿拉：我们。碰头：
ak lak di ho li xi z哎 bang d欧

见面。)

⑪ 侬 身 体 还 可 以 哦？
nong sen ti 哎 ku yi va

⑫ 马 马 虎 虎。
ma ma fu fu

三、舌尖中音 d d̲ t n l

这是一组利用舌尖中部发音的声母。比普通话的声母多一个浊辅音 d̲。

d	德	底	到	多	呆	东	当	灯	丁
d̲	**地**	**提**	**贷**	**台**	**大**	**大**	**荡**	**停**	**头**
t	脱	替	套	土	胎	痛	汤	听	透
n	拿	囡	孃						
n̲	**泥**	**难**	**侬**	**宁**	**牛**	**浓**	**语**	**义**	
l	拉	啰	枪	捞					
l̲	**离**	**牢**	**蓝**	**来**	**龙**	**路**			

1. 浊辅音发音特征

(1) d̲

英语中"书桌"desk,第一个音节的发音与上海话的完全相同。desk,只要不读 sk,和上海话"台"就一样了。

也可利用普通话来推。普通话的"敌""达""读"实际上就是上海话的"地""大学"的"大""肚"的读音了。

国际音标写作[d]。

(2) n̲

凡普通话里念阳平声(第二声)或去声(第四声)的音节,在上海话里都是浊音。还有些普通话声母为 r 或没有声母的音节,如"语、疑、义、艺、人、让、绕"等,上海话也是 n̲ 声母。

(3) l̲

凡在普通话里念阳平或去声的音节,上海话里都是浊音。

2. 发音练习

(1)

da	di	du	di	da	du
汏	地	度	第	大	大

na	ni	nu	nü	nin	nü
佴	尼	奴	女	人	语

la	li	den	ni	lu	lü
赖	离	邓	义	路	吕

(2)

din	dang	dong	dang	nen	nü
定	唐	同	堂	能	寓

nin	nong	niong	niang	len	nin
宁	侬	浓	娘	楞	银

lin	long	lang	lang	liang	ni
令	弄	冷	狼	亮	宜

3. 对比辨音

di	di	du	du	den	den	du	du
低——地		多——大		灯——藤		堵——肚	

din	din	dong	dong	tang	dang	dong	dong
丁——定		东——动		汤——唐		冻——洞	

4. 词语练习

(1) 训练1

di fang	di gɔ	dɛ biɔ	dɛ si	da sɘ	hu dang
地方	提高	代表	淡水	汏手	湖荡

ding zi	dɘ nɔ	dong si	da hok	xiong di	zong di
亭子	头脑	同事	大学	兄弟	种田

(2) 训练2

dɛ dɛ	dɛ gɔ	du xiɔ	dang gu	din yuan	dɔ li
袋袋	抬高	大小	糖果	庭院	道理

lɛ wang	lɛ gan	lang dɘ	ɔ lik	lin yok	lɘ lang
来往	栏杆	浪头	劳力	淋浴	楼浪

(3) 训练 3

n安jin	ni xin	ni d欧	nin mong	nong h凹	niong xi
南京	腻心	念头	柠檬	侬好	绒线

n安 nik	ni ya	ni凹 k哎	niang ji欧	tang d安	nik jiak
暖热	年夜	绕开	娘舅	汤团	日脚

(4) 训练 4

la hok	li k哎	l凹 nin	l哎 s哎	d凹 di	d欧 n凹
赖学	离开	老人	来三	道地	头脑

di xiong	du di	d哎 zi	dong dang	dang d哎	din zi
弟兄	徒弟	台子	动荡	唐代	停止

5. 分辨

d低头——d地头　　d担心——d谈心　　d刀口——d道口

d兜底——d头里　　d发呆——d台面　　d多少——d大小

d冬瓜——d动荡　　d冬季——d同济　　d当心——d糖心

d打人——d堂弟　　d担心——d代表　　d吊胃口——d调头

d头大——t偷渡　　d调整——t挑水　　m蛮好——m妹夫

m眯眼——m迷信　　d肚肠——d拖拉　　t团圆——t贪心

n拿来——n难过　　d点心——d电信　　d电视——d点亮

d弹硬——d担心　　d洋钿——d贬低　　d地位——d底部

6. 学讲上海闲话

① 侬　好　呀！王　阿　姨。
　nong　h凹　ya　huang　a　yi

② 侬 好！马 老师。
　nong h凹　mo l凹 si

③ 饭 吃 过 了 哦？
　v哎 qik gu lak va

④ 还 没 吃，侬 呢？
　哎 mak qik nong n哎

⑤ 我 刚 刚 吃 好。
　ngo gang gang qik h凹

⑥ 最 近 忙 哦？
　z安 jin mang va

⑦ 还 可 以，勿 大 忙。
　哎 ku yi vak da mang

⑧ 侬 身 体 哪 能 啊？（哪能：怎么样。）
　nong sen ti na nen a

⑨ 还 可 以，谢 谢 侬 。
　哎 ku yi xia xia nong

⑩ 吴 阿 姨，侬 到 外 头 去 啊？
　hu a yi nong d凹 nga d欧 qi a

⑪ 咸，有 眼 事 体，出 去 一 趟。侬 呢？（咸：对。

　h哎 y欧 ng哎 si ti cak qi yik tang nong n哎

眼：些。事体：事情。）

⑫ 我 没 啥 事 体，随 便 走 走，勿 到 阿 里 去。（阿
　ngo mak sa si ti s安 bi z欧 z欧 vak d凹 ha li qi

里：哪里）

四、舌根音 g g̲ k ng h h̲

这是一组利用舌根发音的声母,比普通话多三个浊辅音:g̲、ng、h̲。

g　家　割　干　工　够　高　刚　夹　古　国
g̲　共　戆　狂　搞　轧
k　卡　颗　看　糠　空　扣　靠　苦　哭
ng 我　额　咬　癌　硬　饿　牙　偶
h　哈　喊　轰　好　海　狠
h̲　阿　下　咸　厚　号　后　红　湖　航

1. 浊辅音发音特征

(1) g̲

英语"好"为 good,第一个字母的发音和上海话里的 g̲ 音一样。英语的"神"是 god,如果去掉 d,那就是上海话的"搞"了。

也可用普通话来类推这个浊辅音。普通话的"嘎"阳平声,"拱手"的"拱"(上上相连,前上念阳平),就是上海话"茄子"的"茄"和"共"的读音了。

国际音标写作:[g]。

(2) ng

英语"长"为 lang,后面的发音就是 ng。

这个音在普通话里只是做辅音韵尾。比如 dang、yang,最后的 ng 就是这个音素。上海话里,它除做韵尾外,还可做声母,比如我(ngo)、外(nga)、硬(ngang)。甚至可以不要元音,像"五""鱼",上海话直接念"ng"就对了。

国际音标写作:[ŋ]。

(3) h̲

可以用普通话来推这个音。普通话"无""王""娃"都是阳平

声,这就是上海话"河、胡、吴、何、贺""王、黄""坏"的发音。

国际音标写作:[ɦ]。

2. 发音练习

(1)

ga	gang	gong	nga	ngu	ngo
茄	戆	共	牙	饿	我
ngang	ha	ng	hang	h哎	hong
硬	鞋	五	行	咸	红

(2)

hu	hang	nga	ng	h凹	hong
河	行	外	鱼	豪	宏
hua	h安	hong	h欧	huang	hua
坏	寒	洪	后	王	淮

3. 对比辨音

g	g	g	g	g	g
家——茄		刚——戆		宫——共	
h	h	h	h	h	h
哈——鞋		呼——互		轰——红	

4. 词语练习

(1) 训练1

gak bi	gong dong	gang du	fak guang	wu g凹	ga zi
轧扁	共同	戆大	发狂	乌搞	锯子
ga men	gu哎tak	zong gong	ngo gak	ng凹nin	ngak gok d欧
僱门	掼脱	总共	我个	咬人	额角头

(2) 训练2

nga bu	ngang jin	nga ci	ng欧s安	ng哎 b哎	h哎 d哎
外婆	硬劲	牙齿	偶然	呆板	咸蛋
ha zi	bi h欧	h凹 d欧	h欧h哎	fen hong	ng哎zen
鞋子	皮厚	号头	后来	粉红	癌症

(3) 训练3

xi hu	hang yin	hen nin	ha si	hu du	bi gak zi
西湖	航行	恨人	也是	糊涂	皮夹子

hu bang	hu xik	hu bik	ho qi	h̄ lang	gak gak
河浜	无锡	何必	下去	寒冷	挌个

(4) 训练4

ng凹 nin	ngu sak	h̄哎ng安	gong y欧	hak g凹	ak gang
咬人	饿煞	海岸	共有	瞎搞	阿戆

h̄哎 niok	hang z欧	hong k欧	h̄安ga	dong hu	da gak gok
咸肉	杭州	虹口	寒假	东吴	大峡谷

5. 分辨

g g　　　　　g g　　　　　g g
公众——共事　　家生——茄子　　公告——瞎搞

g g　　　　　h h　　　　　h h
钢琴——戆大　　瞎子——盒子　　好人——号码

h h　　　　　h h　　　　　h h
吼势——后来　　老狠——老恨　　呼吸——无锡

h h　　　　　h h　　　　　h h
喊人——害人　　海派——闲人　　好事——号称

g g　　　　　h h　　　　　h h
夹生——轧煞　　花生——画图　　花嗦——下来

h h　　　　　h h　　　　　h h
虾仁——华人　　喊人——害人　　棉花——手下

h h　　　　　h h　　　　　h h
毛蟹——皮鞋　　欢迎——汗毛　　闹哄哄——分红

h h　　　　　h h　　　　　h h
吓煞——合并　　甩手——还手　　歪脱——坏脱

6. 学讲上海闲话

① 侬 住 辣 啥 地 方 啊？（辣：在。啥：什么。）
　　nong si lak sa di fang a

② 侬 个 电话 号 头 是 多少 啊？（号头：号码。）
  nong gak di ho h凹 d欧 si du s啊 a

③ 哪能 介 做 好 啊？ 为 啥 瓣 能 做 呢？（哪能介：
  na nen ga zu h凹 a   hu哎 sa gak nen zu n哎

怎么样。为啥：为什么。瓣能：这样。）

④ 对 勿 起，请 侬 让 一 让 好 哦？
  d哎 vak qi qin nong niang yik niang h凹 va

⑤ 请 问 侬 尊 姓？ 侬 今 年 几 岁 啦？
  qin men nong zen xin nong jin ni ji s安 la

⑥ 侬 认 得 伊 哦？ 伊 是 啥 人 个 朋 友 啊？
  nong nin dak yi va yi si sa nin gak bang y欧 a

（伊：他、她、它。啥人：谁。）

⑦ 㑚 屋里 向 有 得 几 化 人 啊？（㑚：你们。屋里
  na ok li xiang y欧 dak ji ho nin a

向：家里。有得：有。几化：多少。）

⑧ 伊 是 啥 地 方 人 啊？做 啥 个 工 作 个 啊？
  yi si sa di fang nin a zu sa gak gong zok ga

（个啊：两个音节合读。）

⑨ 现 在 阿 拉 辣 啥 地 方 啊？
  yi s哎 ak lak lak sa di fang a

⑩ 今 朝 夜 里 向 侬 有 得 空 哦？（夜里向：
  jin z凹 ya li xiang nong y欧 dak kong va

晚上。）

⑪ 到 火 车 站 去 哪 能 介 去 法 子？
  d凹 fu co s哎 qi na nen ga qi fak zi

⑫ 我 要 到 飞 机 场 去，乘 啥 个 车 子 啊？
  ngo y凹 d凹 fi ji sang qi cen sa gak co zi a

五、单韵母"哎"

"哎"是个单元音,是上海话中非常重要的一个韵母。普通话没有这个音,英语"e"是念这个音的,但在普通话汉语拼音里"e"已标在"哥、科、喝"的"e"上了。为避免和普通话"e"搞混,这里用零声母汉字"哎"作为上海话读音符号,放在本书的拼音系统里面。请把它当做音标符号来特别记忆。

这个音包括普通话里的 ai、ei、uei,还有部分 an、uan 韵母。比如"爱、海、开、该、背、配、雷、内、对、推、灰、山、难、板、关、惯",等,上海话韵母都是"哎"。

1. "哎"的发音特点

可以利用普通话的 ie、üe 后面部分 e 的发音,来找这个音的发音位置。延长"爷",拉长出来的就是"哎"这个音。

也可利用英语来学这个音。desk、table 里面的元音 e 和上海话"哎"的念法是一样的。如果 desk 后面的 sk 不读出来,那就是上海话"台"的读音了。

注意:普通话在发"改、开、对、退"时嘴型是有变化的,而在发上海话时口型要保持不变。我们下面用小号汉字"哎"来标注这个韵母。

国际音标写作:[E]。

2. 单字朗读

(1)

b哎	p哎	b哎	b哎	m哎	m哎
杯	配	赔	板	美	妹
f哎	v哎	f哎	v哎	d哎	d哎
翻	凡	反	饭	呆	待

(2)

t哎	d哎	d哎	d哎	n哎	n哎
退	台	对	袋	拿	难

l哎	ni哎	ng哎	g哎	k哎	h哎
来	廿	癌	盖	开	海

(3)

g哎	k哎	h哎	gu哎	ku哎	hu哎
该	凯	喊	关	块	灰

h哎	gu哎	hu哎	z哎	c哎	s哎
咸	掼	会	再	菜	山

3. 对比辨音

b哎	b哎	f哎	v哎	d哎	d哎	哎	g哎
贝	—备	翻	—饭	单	—但	爱	—改

n哎	n哎	h哎	h哎	b哎	p哎	g哎	g哎
拿	—难	海	—害	陪	—配	盖	—隑

4. 词语练习

(1) 训练 1

l哎 s哎	t哎 b哎	p哎 hu	f哎 s哎	g哎 l哎	s哎 h哎
来三	推板	配货	翻山	橄榄	山海

t哎 d哎	s哎 m哎	s哎 t哎	fen p哎	b哎 zi	b哎 mi
坍台	散漫	衰退	分配	杯子	背米

(2) 训练 2

哎 hu	p哎 b哎	b哎 ben	n哎 b哎	b哎 bu	v哎 bu
爱护	配备	赔本	难板	背部	帆布

b哎 ven	d哎 m哎	p哎 fang	m哎 m哎	f哎 b哎	v哎 ben
备份	怠慢	配方	妹妹	翻版	范本

(3) 训练 3

f哎 pa	v哎 mang	f哎 ba	t哎 bu	f哎 d哎	v哎 di
反派	繁忙	翻牌	退步	反对	饭店

d哎 bi	dongm哎	l哎 qi	d哎 mo	n哎 l哎	d哎 ti
对比	动漫	来去	代码	拿来	谈天

(4) 训练4

l^哎ti	f^哎mi	ben l^哎	m^哎li	l^哎fang	ying^哎
蓝天	反面	本来	美丽	来访	应该

g^哎bi	h^哎si	h^哎nin	k^哎men	z^哎hu^哎	h^哎bang
改变	海水	害人	开门	再会	海防

5. 分辨

da ng　　d哎ji　　ta yang　　t哎du　　ba fang　　p哎b哎
带鱼——待机　太阳——态度　拜访——配备

pa qi　　p哎zi　　ma fang　　m哎li　　ta s哎　　d哎ju
派遣——配置　买方——美丽　泰山——抬举

la bi　　l哎b哎　　ka bu　　k哎bu　　ha zi　　h哎c哎
赖皮——来陪　揩布——开播　鞋子——咸菜

tin h哎　　h哎di　　d哎xin　　d哎si　　d哎w哎　　da nin
听海——孩提　担心——但是　台湾——带入

6. 学讲上海闲话

① 㑚 搭 有 得 地 铁 车 站 哦？（㑚搭：这里。）
　　gak dak y欧 dak di tik co s哎 va

② 我 到 浦 东 去，乘 啥 个 车 子 好 啊？
　　ngo d凹 pu dong qi cen sa gak co zi h凹 a

③ 昨 日 夜 里 向 九 点 钟 就 睏 觉 了。（昨日：
　　sok nik ya li xiang ji欧 di zong ji欧 kun g凹 lak

昨天。睏觉：睡觉。）

④ 今 朝 早 浪 向 五 点 钟 爬 起 来 个。（今朝：
　　jin z凹 z凹 lang xiang ng di zong bo qi l哎 gak

今天。）

⑤ 今 朝 天 气 哪 能 啊？
　　jin z凹 ti qi na nen a

19

⑥ 勿 大 好,天气 预报 讲 下 半 日 要 落 雨 个。
　 vak da h凹 ti qi yu b凹 gang ho b安 nik y凹 lok yu gak

(下半日:下午。落雨:下雨。)

⑦ 现 在 也 闷 得 来, 像 煞 要 落 下 来 了。(闷
　 yi s哎 ha men dak l哎 xiang sak y凹 lok ho l哎 lak

得来:很闷。)

⑧ 是 个 呀, 大 概 马 上 就 要 落 了。
　 si gak ya da g哎 mo sang ji欧 y凹 lok lak

⑨ 现 在 有 眼 风 了, 风 凉 点 了。(风凉:凉快。)
　 yi s哎 y欧 ng哎 fong lak fong liang di lak

⑩ 大 概 要 刮 台 风 了。
　 da g哎 y凹 guak d哎 fong lak

⑪ 已 经 有 得 好 几 天 没 落 雨 了。
　 yi jin y欧 dak h凹 ji ti mak lok yu lak

⑫ 下 半 天 要 落 雷 阵 雨 个,带 好 洋 伞。(洋
　 ho b安 ti y凹 lok l哎 sen yu gak da h凹 yang s哎

伞:雨伞。)

六、单韵母"安"

这个单元音普通话没有,是上海话中非常重要的一个韵母。因为没有相应的拉丁字母来标识这个音,为避免读者辨识国际音标的麻烦,这里用了零声母汉字"安"作为上海话读音的符号,放在本书的拼音系统里面。请大家把它当做音标符号来特别记忆。用熟后会很容易拼读出上海话的语音。

普通话凡 an、uan、üan 韵母的音,上海话里大部分念"安"。比如"看、善、半、盼、满、短、贪、男、管、换、专、穿、算、卷、劝"等。注意,它没有鼻音成分。

1. "安"的发音特点

这是个圆唇元音。舌头位置在前面。可以利用"哎"来推"安"。"哎""安"的舌头位置是一致的,不同的是口型。可先发"哎","哎"的口形是扁的,舌位不变,把口形收圆就是"安"了。

北方人常把它念成"o",主要原因是舌头的位置太靠后了,只要把舌位往前移动就可以发成"安"了。

国际音标写作:[ɸ]。

2. 单字朗读

(1)

b安	p安	b安	b安	p安	b安
搬	潘	伴	半	盼	盘
z安	c安	s安	g安	h安	h安
专	穿	酸	馆	欢	韩

(2)

n安	n安	g安	k安	h安	z安
因	南	官	宽	汉	转

21

h安	ng安	n安	c安	s安	d安
汗	岸	男	惨	扇	端

(3)

g安	k安	h安	l安	m安	t安
观	款	换	乱	满	贪
d安	d安	h安	s安	c安	nü安
断	短	碗	算	喘	软

(4)

ng安	p安	d安	m安	c安	t安
岸	盼	团	馒	川	探
n安	z安	d安	g安	k安	h安
暖	赞	缎	管	看	寒

3. 对比辨音

h安	ho	h安	ho	g安	go	s安	so
欢	花	汗	画	管	挂	酸	沙

m安	mo	g安	go	n安	nü	l安	lü
满	骂	官	瓜	男	女	乱	旅

g哎	g安	h哎	h安	b哎	b安	p哎	p安
减	敢	海	汉	班	搬	配	盼

m安	m哎	d安	d哎	d安	d哎	n安	n哎
满	慢	短	对	段	台	男	难

4. 词语练习

(1) 训练1

b安 su	p安 wang	b哎 b安	m安 yi	d安 min	d安 zi
半数	盼望	陪伴	满意	短命	段子
t安 xin	d安 yu安	n哎 k安 si	d安 si	h安 s安	g安 li
贪心	团圆	难看	断水	换算	管理

(2) 训练2

c安 b安	b安 ven	d安 d哎	m安 ti	d安 b哎	d安 min
参半	盘问	团队	满天	短板	断命

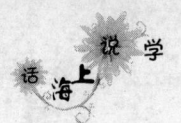

z安 dong	t安 xin	dang g安	z安 xin	n安 fi	k安 men
转动	贪心	当官	专心	南非	看门

（3）训练3

t安 wu	d安 gong	d安 lu	l安 fi	g安 pa	ng哎 k安
贪污	短工	断路	乱飞	官派	眼看

k安 bin	hu h安	安 s安	d安 lu	h安 si	h安 nin
宽屏	互换	暗算	短路	汗水	欢迎

（4）训练4

z安 men	tang d安	h安 z哎	c安 bang	xin s安	s安 ji
专门	汤团	旱灾	穿帮	心酸	算计

g安 bin	k安 c安	d安 zi	d安 du	h安 si	v哎
官兵	看穿	缎子	短途	寒暑	饭碗

5. 分辨

难看——难办　　陪伴——采办　　地盘——地板

舞伴——沪办　　媒体——满天　　半年——办公

男女——难过　　隐瞒——快慢　　班车——伴唱

叛徒——版本　　南面——难免　　乱世——来世

错乱——下来　　盘问——配方　　丰满——放慢

断命——待命　　段子——台子　　团圆——弹起

6. 学讲上海闲话

① 我 要 买 眼 苹 果，几 钿 一 斤 啊？（几钿：
　　ngo　y凹　ma　ng哎　bin gu　ji　di　yik jin　a

多少钱。）

② 忒 贵 哎！好 便 宜 点 勿 啦？（忒：太。好：可以。）
　　tak　ju　l哎　h凹　bi　ni　di　vak la

③ 小了眼,再大点个有哦?
　　xi凹 lak ng哎 z哎 du di gak y欧 va

④ 裙子勿要啦?搿件连衫裙老好看个。
　　jun zi y凹 vak la gak ji li s哎 jun l凹 h凹 k安 gak

(老:很,十分。)

⑤ 我欢喜蓝颜色个,红个勿要。(欢喜:
　　ngo h安 xi l哎 ng哎 sak gak hong gak vak y凹

喜欢。)

⑥ 热天介去买顶帽子遮遮太阳。(热天介:
　　nik ti ga qi ma din m凹 zi zo zo ta yang

夏天)

⑦ 请问侬啥地方去付钞票?
　　qin men nong sa di fang qi fu c凹 pi凹

⑧ 早饭就吃大饼油条豆腐浆好了。
　　z凹 v哎 ji欧 qik da bin y欧 di凹 d哎 hu jiang h凹 lak

⑨ 要杯咖啡,勿要摆糖。
　　y凹 b哎 ka fi vak y凹 ba dang

⑩ 咸肉冬瓜汤老鲜个。
　　h哎 niok dong go tang l凹 xi gak

⑪ 侬啥地方勿适意啊?去看毛病好哦?
　　nong sa di fang vak sak yi a qi k安 m凹 bin h凹 va

(适意:舒服。毛病:病。)

⑫ 量量体温看,有得寒热哦?(寒热:热度。)
　　liang liang ti wen k安 y欧 dak h安 nik va

七、单韵母"凹"

这是个单元音,是上海话中非常重要的韵母。普通话没有,也无相应的拉丁字母来标识这个音,为避免读者辨识国际音标的麻烦,这里用零声母汉字"凹"作为上海话读音的符号,放在本书作者创设的拼音系统里面。请大家把它当做音标符号来特别记忆。用熟后会很容易拼读出上海话语音。

凡是普通话里带 ao 韵母的字,上海话都念"凹"。比如"少、好、老、高、小、到、讨、闹、枣、草、叫"。

1. "凹"的发音特点

普通话在发音 ao 韵母时有两个元音,从 a 到 u。口形由大的 a 收到圆形的 u。上海话发"凹"韵母时嘴型一定要保持圆形不变,不能有大小变化。

可以利用"o"来推,"o"和"凹"的区别就是口形大小,嘴形小些就是"o",张大些就是"凹"了。

也可以看英语"早晨"morning 的发音,后面的 ning 不读,前面的 mo 就是上海话"毛"的发音了。

国际音标写作:[ɔ]。

2. 单字朗读

(1)

b凹	p凹	b凹	m凹	d凹	t凹
包	泡	跑	猫	刀	讨
d凹	l凹	g凹	k凹	g凹	ng凹
道	老	高	靠	搞	咬

(2)

b凹	p凹	d凹	t凹	n凹	l凹
保	抛	到	涛	闹	捞

h凹	h凹	z凹	c凹	s凹	y凹
好	号	糟	超	烧	要

（3）

di凹	ti凹	di凹	ji凹	qi凹	xi凹
刁	跳	条	交	悄	小
z凹	qi凹	li凹	ni凹	d凹	pi凹
早	巧	料	鸟	逃	票

（4）

t凹	bi凹	y凹	g凹	k凹	ti凹
套	表	摇	告	考	挑
di凹	di凹	ji凹	n凹	pi凹	b凹
吊	调	叫	脑	飘	宝

3. 对比辨音

凹　o	凹　o	凹　u
报——把	猫——马	刀——躲
凹　u	凹　u	凹　u
高——过	闹——怒	好——火

4. 词语练习

（1）训练1

b凹 b哎	p凹 qi	m凹 bin	b凹 bu	d凹 di	d凹 di
宝贝	抛弃	毛病	跑步	到底	道地
si b哎	v哎 pi凹	ya m凹	l凹 ya	n凹 mang	b凹 g凹
书包	饭票	野猫	老爷	闹猛	报告

（2）训练2

di n凹	t凹 l凹	h凹 xi凹	qi凹 men	k凹 si	l凹 d凹
电脑	套牢	好笑	窍门	考试	唠叨
d凹 pi	d哎 bi凹	b凹 min	k凹 s哎	g凹 y凹	p凹 m凹
刀片	代表	保命	靠山	高校	抛锚

（3）训练3

k凹 men	g凹 k凹	t凹 l凹	l凹 d凹	d凹 pi凹	ni凹 d凹
敲门	高考	套牢	老道	倒票	绕道

bi凹 min	yin h凹	l s凹	hua b凹	d凹 li	h哎 t凹
表明	型号	牢骚	怀抱	逃离	海涛

(4) 训练 4

c凹 b凹	z凹 g凹	s凹 si	du s凹	c凹 bi凹	xi y凹
草包	糟糕	烧水	多少	钞票	逍遥

h mo	g xi凹	p bin	b d凹	k ni	b yang
号码	搞笑	炮兵	跑道	考验	保养

5. 分辨

o 凹	o 凹	o 凹
沙子——烧水	小马——小猫	茶道——曹操

凹 o	o 凹	凹 o
豪悾——下沙	高低——瓜地	靠山——跨栏

凹 o	o o
好人——虾仁	宝贝——把握

6. 学讲上海闲话

① 挌 枪 生 意 好 勿 啦?(挌抢:近来。)
　 gak qiang sang yi h凹 vak la

② 蛮 好 个。谢谢。(蛮:挺。)
　 m哎 h凹 gak xia xia

③ 侬儿子最近读书哪能啦?
　 na ni zi z安 jin dok si na nen la

④ 辣辣考试,老辛苦个哎。
　 lak lak k凹 si l凹 xin ku g哎

⑤ 侬 要 多 关 心 关 心 伊 个 身 体 呀。
　 nong y凹 du gu xin gu哎 xin yi gak sen ti ya

⑥ 咸,是 个 呀,谢谢 侬 关 心 伊。
　 h哎 si 'gak ya xia xia nong gu哎 xin yi

⑦ 上 个 号 头 侬 到 啥 地 方 去 啦?(号
　 sang gak h凹 d欧 nong d凹 sa di fang qi la

头：月。)

⑧ 没 出 去 呀, 就 辣 盖 屋 里 向 。(辣盖：在。)
   mak cak qi ya ji欧 lak g哎 ok li xiang

⑨ 我 问 依, 明 朝 是 几 号 啊? (明朝：明天。)
   ngo men nong min z凹 si ji h凹 a

⑩ 明 朝 十 三 号 呀!
   min z凹 sak s哎 h凹 ya

⑪ 噢, 好 个。有 空 过 来 白 相 相。晏歇会
   凹 h凹 gak y欧 kong gu l哎 bak xiang xiang 哎 xik hu哎

噢！(白相：玩。晏歇会：等会见。)
凹

⑫ 好 个 呀, 再 会。
   h凹 gak ya z哎 hu哎

八、单韵母"欧"

这是个单元音,是上海话中非常重要的韵母。普通话没有,也无相应的拉丁字母来标识这个音,为避免读者辨识国际音标的麻烦,这里用了零声母汉字"欧"作为上海话读音的符号,放在本书的拼音系统里面。请大家把它当做音标符号来特别记忆。用熟后会很容易拼读出上海话语音。

凡普通话带 ou、iou 音的字,上海话都念"欧"。比如"呕、否、兜、头、偷、楼、狗、口、后、收、走、臭、瘦、寿、牛、柳、九、酒、就、秋、修、袖"。

1. "欧"的发音特点

普通话在发音时嘴形有变化,从"o"到"u",且两个都是圆唇。注意,上海话在发音时嘴形是扁的,必须保持不变。

可以利用"凹"来学发"欧"。"凹"、"欧"的舌位是一致的,不同的是口型。先发圆形的"凹",保持开口的大小后,把它变为扁形就可以发对了。

国际音标写作:[ɤ]。

2. 单字练习

(1)

m欧	f欧	v欧	d欧	t欧	d欧
亩	否	浮	斗	偷	头

l欧	g欧	k欧	h欧	z欧	c欧
楼	够	扣	后	走	抽

(2)

ni欧	li欧	ji欧	qi欧	xi欧	s欧
牛	溜	九	秋	修	手

y欧	z欧	c欧	t欧	ng欧	d欧
优	周	臭	透	偶	投

(3)

s欧	y欧	s欧	li欧	欧	xi欧
馊	游	瘦	留	呕	袖
g欧	k欧	h欧	c欧	ji欧	s欧
狗	口	厚	凑	纠	寿

(4)

g欧	li欧	g欧	l欧	d欧	ng欧
钩	流	狗	漏	豆	藕
z欧	h欧	qi欧	d欧	xi欧	y欧
奏	猴	秋	抖	朽	有

3. 对比辨音

d凹	d欧	d凹	d欧	t凹	t欧
到	—斗	逃	—头	套	—透

l凹	l欧	g凹	g欧	h凹	h欧
老	—楼	告	—狗	好	—吼

h凹	h欧	ng凹	ng欧
号	—后	咬	—偶

4. 词语练习

(1) 训练1

l欧 d欧	z欧 lu	s欧 xi	y欧 yong	xi欧 ho	s欧 d欧
漏斗	走路	首先	游泳	绣花	手头
d欧 fong	d欧 din	m欧 d欧	t欧 s哎	l欧 lang	qi欧 ti
兜风	头顶	毛豆	偷税	楼浪	秋天

(2) 训练2

d欧 mi欧	d欧 dong	l欧 ho	t欧 gu	g欧 yin	k欧 li欧
豆苗	抖动	楼下	透过	勾引	扣留
s欧 d欧	欧 z欧	xi欧 ho	d欧 d欧	h欧 d凹	s哎 qi欧
寿头	欧洲	绣花	到头	厚道	山丘

（3）训练 3

d欧 d欧	zen d欧	b哎 h欧	g欧 ng欧	dang ng欧	h欧 l哎
刀豆	争斗	背后	狗咬	糖藕	后来

k欧 d欧	ji欧 si	d欧 n凹	z欧 g欧	欧 dang	xi欧 zen
口头	酒水	头脑	走狗	殴打	休整

（4）训练 4

h欧 d哎	c欧 qi	h欧 si	ji欧 zen	z欧 lu	h哎 欧
后代	臭气	吼势	纠正	走路	海鸥

ji欧 z欧	d凹 k欧	xi欧 zen	d欧 vu	xi欧 qi	t欧 y欧
九州	刀口	修正	豆腐	秀气	偷油

5. 学讲上海闲话

① 勿 晓 得 明 朝 天 气 好 哦？（勿晓得：不知道。）
　　vak xi dak min z ti qi h凹 va

② 老 好 个，是 晴 天。
　　l凹 h凹 gak si jin ti

③ 气 温 多 少 啊？冷 哦？
　　qi wen du s 哎 a lang va

④ 老 冷 个。天 气 预 报 讲 要 零 下 五 度 咪。
　　l凹 lang gak ti qi yu b凹 gang y凹 lin ho ng du l哎

⑤ 后 日 个 气 温 老 低 个，要 多 着 点 衣 裳。
　　h欧 nik gak qi wen l凹 di gak y凹 du zak di yi sang

（着：穿。）

⑥ 明 朝 刮 西 北 风，阵 风 要 六 级 咪。
　　min z凹 guak xi bok fong sen fong y凹 lok jik l凹

⑦ 穿 羽 绒 衫 就 勿 冷 了。
　　c安 yu niong s哎 ji欧 vak lang lak

⑧ 口 罩、帽 子、手 套、围 巾 侪 要 准 备 好 个。
　　k z凹 m凹 zi s t凹 yu jin s哎 y zen b哎 h凹 gak

（侪：都。）

⑨ 辬 搭 到 火 车 站 哪 能 介 走 啊?
　　gak dak d凹 hu co s哎 na nen ga z欧 a

⑩ 现 在 是 高 峰 辰 光,叫 部 差 头 末 算 唻。
　　yi s哎 si g凹 fong sen guang ji凹 bu ca d欧 mak s安 l哎

(差头:出租车。)

⑪ 老 贵 个哎,哪 能 乘 得 起 啊!
　　l凹 ju g哎 na nen cen dak qi a

⑫ 还 可 以 呀,大 概 廿 块 出 头 一 眼。
　　哎 ku yi ya da g哎 ni哎 ku cak d欧 yik ng哎

九、舌面音 j ĵ q x x̂

这是一组舌面前发音的声母。比普通话多了两个浊辅音：ĵ、x̂。

j 基 交 将 举 九 捐 今
ĵ 其 桥 强 跪 求 拳 琴
q 妻 巧 枪 区 秋 劝 请
x 西 香 写 心 修 胸
x̂ 钱 象 谢 寻 袖

1. 浊辅音

(1) ĵ

英语的"工作"job，第一个字母 j，发音和上海话声母 ĵ 的差不多。上海话中"桥"和 job 的读音很像，只要去掉最后的"b"音就可以了。

也可用普通话发音来类推。普通话的"急""局"，就是上海话中"其""巨"的发音。

国际音标写作[dʑ]。

(2) x̂

可用普通话来推这个音。"席""详"，都是阳平声（第二声），声母是浊辅音。这就是上海话的"徐"和"象"的发音了。

国际音标写作[ʑ]。

2. 发音练习

(1)

ji	ju	jin	jun	jiang
其	跪	近	群	强

ĵin	ĵiong	ĵik	ĵuak	ĵiɔ
静	穷	及	掘	桥

(2)

ji欧	ju安	jin	jiang	ju
就	倦	琴	墙	柜

jiang	ji	ji欧	xi	xu
犟	奇	舅	钱	序

(3)

xia	xi	xia	xiang	xin
谢	徐	邪	像	寻

xi欧	ju	xi	ji欧	jin
袖	具	前	球	勤

3. 对比辨音

j	j	j	j	j	j	x	x
鬼——具		叫——桥		求——救		袖——修	

| 将——犟 | | 经——静 | | 军——裙 | | 写——谢 | |

j	j	x	x	x	x	j	j
金——近		心——寻		相——像		绢——拳	

4. 词语练习

(1) 训练1

ji ta	xi d欧	ji gua	xiga	ju da	gang jin
其他	前头	奇怪	全家	巨大	钢琴

安jin	ji凹 d欧	niang ji欧	jun zong	xi欧 zi	jiang ho
安静	桥头	娘舅	群众	袖子	强化

(2) 训练2

ji zong	ju安 d欧	xi fang	ji d哎	jiang di凹	xi ti
其中	拳头	前方	期待	强调	全体

xi ni	ji凹 ba	jun zi	ji欧 g	xi凹 ji凹	jin fen
前年	桥牌	裙子	求购	小桥	勤奋

(3) 训练3

ji bin	xi di	jiang di	ji凹 qi	ji欧 bi	jin l凹
骑兵	前提	强调	乔迁	求变	勤劳

ji yu	jin g安	ji k哎	bi ju安	ji凹 dong	jiang g哎
其余	情感	期刊	疲倦	桥洞	强奸

(4) 训练 4

ji凹 bi	jin kuang	ji欧 ji欧	qin jin	xi ji欧	g安 xia
桥边	情况	求救	亲近	全球	感谢

ji b凹	xi du	jin kua	jiang ngang	da ji凹	ju安 h哎
旗袍	前途	勤快	强硬	大桥	权限

5. 分辨

jia din	ga din	jia si	qin ga	ji凹 tong	sang g凹
家庭——嘉定		假使——请假		交通——上交	

h哎 zi	xi yi	ho ti	xia si	s欧 xi	jin xi
限制——鲜艳		夏天——写书		首先——金钱	

ji qi	ji ta	din ju	xin ju	ju s欧	ju d哎
机器——其他		定居——姓瞿		举手——柜台	

6. 学讲上海闲话

① 我 要 汏汏头, 吹吹 风。(汏：洗。)
   ngo y凹 da da d欧 ci ci fong

② 头 痒 哦? 搭 侬 搔搔 伊 好 哦?
   d欧 yang va dak nong z凹 z凹 yi h凹 va

③ 稍 微 剪 脱 一 眼, 削 削 薄。
   s凹 w哎 ji tak yik ng xiak xiak bok

④ 胡子要 刮 哦? 面要 修 哦?
   hu zi y凹 guak va mi y凹 xi欧 va

⑤ 俹屋里 向 住 辣啥地 方 啊?
   na ok li xing si lak sa di fang a

⑥ 辣 徐家 汇 附近。侬 晓 得 箇个 地 方 哦?
   lak xi ga w哎 vu jin nong xi凹 dak gak gak di fang va

⑦ 噢, 晓 得 个, 晓 得 个, 徐家 汇 现在 老老 闹
   凹 xi凹 dak gak xi凹 dak gak xi ga hu哎 yi z哎 l凹 l凹 n凹

35

猛　个哎！（闹猛：热闹）
mang　g哎

⑧ 请 问，搿 搭 有 得 地 铁 站 哦？
qin men gak dak y欧 dak di tik s哎 va

⑨ 有 个，走 过 去 三 五 十 步 路 就 到 了。
y欧 gak z欧 gu qi s哎 ng sak bu lu ji欧 d凹 lak

⑩ 烧 介 一 眼 眼 饭 拨 啥 人 吃 啊？（拨：给。）
s凹 ga yik ng哎 ng哎 v哎 bak sa nin qik a

⑪ 够 唻，吃 勿 脱 掼 脱 肉 麻 哦？（掼脱：扔掉。肉

麻：可惜。）
g欧 l哎 qik vak tak gu哎 tak niok mo va

⑫ 侬 一 家 头 吃 哦，我 到 外 头 去 买 眼 来。
nong yik ga d欧 qik va ngo d凹 nga d欧 qi ma ng哎 l哎

十、舌尖前音 z c s s̠

这是一组舌尖前发音的声母，比普通话多了一个浊辅音 s̠。

z 资 知 责 折 中 章 照 再 做 左
c 次 乘 称 冲 尺 唱 吵 菜 错 臭
s 丝 使 色 设 烧 嗓 少 三 伞 手
s̠ 虫 在 造 寺 坐 上 重 成 才 如

1. 浊声母 s̠ 的发音特征

s̠

可以用普通话来推：普通话中阳平声（俗称第二声）声母都是浊辅音。"俗"的发音和上海话"坐"的发音基本一致。

也可利用英语来学这个音。"动物园"为 zoo，第一个字母和 s̠ 的读音一样。上海话"坐"的发音和 zoo 也很相似。注意，有些普通话的 r 声母的音节，在上海话里念"s̠"的。比如"如、仍、入、然、若、任"等等。

国际音标为：[z]。

2. 发音练习

(1)

si	sa	so	su	sang	sen
是	惹	茶	坐	床	阵

s̠ong	s̠哎	s̠凹	s̠安	s̠欧	si
重	侪	造	船	寿	事

(2)

s̠ong	s̠ang	s̠en	s̠哎	s̠凹	s̠en
虫	常	程	才	皂	陈

s̠欧	s̠en	so	si	sang	s̠安
受	成	查	市	上	然

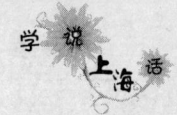

3. 对比辨音

s	s	s	s	s	s	s	s
丝——是	晒——查	山——才	身——神

s	s	s	s	s	s	s	s
烧——造	酸——船	商——上	收——受

s	s	s	s
松——重	苏——坐

4. 词语练习

(1) 训练 1

sen v哎	ben si	si ti	sen fong	s哎 nen	song y凹
盛饭	本事	事体	阵风	才能	重要
mi sang	zi s凹	si ga	so b哎	qin su	ji so
眠床	制造	自家	茶杯	请坐	检查

(2) 训练 2

si li	si mi	sen yu	s哎 c哎	jin sak	si t哎
自理	市面	阵雨	财产	进入	事态
l凹 song	sen du	s凹 f哎	s欧 d欧	s安 cang	dang s安
老虫	成都	造反	寿头	船厂	当然

(3) 训练 3

si gu	so fang	s哎 nü	s安 sen	song yang	su zen
如果	查访	才女	传承	重阳	坐镇
si bin	su dong	sen min	s安 bi	si ji	s凹 din
士兵	助动	人民	随便	时间	朝廷

(4) 训练 4

sen gong	s哎 sen	song qin	sak lik	s凹 h欧	s哎 vong
成功	财神	重庆	日历	朝后	裁缝
s哎 d欧	s欧 yong	sen xin	song ji	sang zang	sen guang
赚头	受用	存心	从前	常庄	辰光

5. 分辨

s凹 f哎	s哎 v哎	s欧 d欧	s欧 d欧	so fang	so vang
造反——烧饭	寿头——手头	茶坊——查房

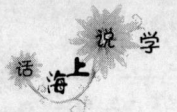

so t啦　　so t啦　　sen du　　sen du　　si ji　　si ji
沙滩——茶摊　　成都——程度　　时间——时件
si ga　　si ga·　　sang yi　　sang yi　　song jin　　song jin
自家——世界　　生意——上衣　　松紧——崇敬

6. 学讲上海闲话

① 今 朝 早 饭 吃 点 啥?
　 jin z凹 z凹 v啦 qik di sa

② 我 想 吃 菜 肉 馄 饨, 侬 去 买 好 哦?
　 ngo xiang qik c啦 niok hun den nong qi ma h凹 va

③ 天 天 牛 奶、面 包、蛋 糕, 勿 好 吃。
　 ti ti ni欧 na mi b凹 d啦 g凹 vak h凹 qik

④ 是 个 呀, 还 是 泡 饭、酱 瓜、乳 腐 最 好 吃。
　 si gak ya 啦 si p凹 v啦 jiang go si vu z安 h凹 qik

⑤ 豆 腐 浆、糙 饭、大 饼 油 条 也 蛮 好 吃 个。
　 d欧 vu jiang ci l啦 da bin y欧 di凹 ha m啦 h凹 qik gak

⑥ 葛 当 然 咾, 是 上 海 人 个 传 统 早 饭 嘛!
　 gak dang s安 l凹 si sang h啦 nin gak s安 tong z凹 v啦 ma

⑦ 阿 拉 屋 里 辣 辣 俺 东 面, 伊 拉 辣 西 面 个。
　 ak lak ok li lak lak na dong mi yi la lak xi mi gak

⑧ 噢, 乃 我 搞 清 爽 了。(乃: 这下。)
　 凹 n啦 ngo g凹 qin sang lak

⑨ 阿 拉 一 道 去 看 电 影 好 哦? (阿拉: 我们。)
　 ak lak yik d凹 qi k安 di yin h凹 va

⑩ 票 子 忒 贵 咪, 啥 人 买 得 起 啊! (忒: 太。)
　 pi凹 zi tak ju l啦 sa nin ma dak qi a

⑪ 夜 到 辣 屋 里 向 看 看 电 视, 放 放 碟 片
　 ya d凹 lak ok li xiang k安 k安 di si fang fang dik pi

末 好 咪。(夜到: 晚上。)
mak h凹 l啦

⑫今朝 夜里 向 个 足球赛 一 定 要 看 个。
　jin z凹 ya li xiang gak zok ji欧 s哎 yik din y凹 k安 gak

(夜里向：晚上。)

十一、韵母 en in ang ong

en、in、ang、ong 都是鼻音。普通话有，上海话也有，但有些不同。下面来作一些介绍。

1. en、in

从拼音符号看，似和普通话前鼻音 en、in 一样，其实不同。普通话前鼻音有个明显的归音动作，在发完前面的元音后要把舌尖顶到上齿背上去。上海话里没有归音动作。有些方言词典或上海话教材把这组音写成 eng、ing，实际上它们也不能算后鼻音。后鼻音的发音比较靠后，要撑开软腭。而上海话中的这两个音既不靠前，也不靠后，只能算个中鼻音。发音时舌头居中，不去做归音动作即可。

还要注意的是，不少普通话里发 uen 韵的音节，上海话里只发"en"，如"春、唇、尊、孙、顺、准、存、村、论、蹲、吞"，等等。

2. ang、ong

(1) ang

这个 ang 在老派上海话里有两组不同的音。一组发音靠前，一组发音靠后。

靠前的有：打、冷、生、长、厂、常、场、张、省。

靠后的有：当、浪、桑、掌、唱、床、窗、章、丧。

中年以上的上海人说话时这两组音的区别还是非常明显的，"上中路"和"场中路"，很不一样。但在大部分青年人的语音里已经归并成一个既不前，也不后的音了。从语言的发展趋势看将是同化。因此，我们这里采用趋同标音。

(2) ong

这个音发音和普通话基本一样，但在声韵母的组合上有异。

普通话唇音 b、p、m、f 是不能和 ong 拼合的；但在上海话的唇音里，普通话发 eng 韵母的大都念"ong"或"ang"。比如"崩、蓬、捧、蒙、风、奉，梦、彭、朋、孟、迸、碰"。

3. 发音练习

(1)

ben	pen	ben	men	fen	ven
本	喷	盆	门	分	文
bin	pin	bin	min	din	tin
兵	品	平	明	丁	听

(2)

den	ten	den	nen	gen	ken
灯	吞	藤	能	更	肯
din	lin	nin	lin	jin	jin
停	林	人	零	今	景

(3)

hen	zen	cen	cen	sen	sen
痕	真	春	寸	孙	胜
qin	jin	xin	qin	xin	xin
亲	情	新	请	姓	寻

(4)

sen	yin	sen	yin	din	bin
唇	因	顺	赢	定	病
xin	nen	ten	jin	bin	hen
心	嫩	吞	静	冰	恨

4. 词语练习

(1) 训练 1

ben si	ben zi	men nga	fen k哎	ven bin	denz凹
本事	盆子	门牙	分开	文凭	灯罩
len s安	zen zen	cen ti	si bin	bin sang	min lin
轮船	真正	春天	柿饼	平常	命令

(2) 训练2

jin di凹	qin qi凹	jin lin	nin jin	yin xi	yin g哎
金条	轻巧	近邻	人情	引线	应该
yin xiang	gen ga	ben d哎	ven di	fen p哎	bin min
影响	更加	笨蛋	问题	分配	贫民

(3) 训练3

fen su	pen si	men k欧	bin g安	den ji	jin ji
分数	喷水	门口	宾馆	登记	经济
jin ji	xin ku	xin xin	zen ga	sen du	xin ven
勤俭	辛苦	信心	真假	程度	新闻

(4) 训练4

sen li	pin min	den d哎	xin lang	sen gong	vi xin
顺利	拼命	等待	新浪	成功	微信
yin w哎	sen jin	sen jin	yin xiang	sen g凹	jin zang
因为	圣经	神经	影响	唇膏	紧张

(5) 训练5

bong song	zangbong	long song	mong gu	nin mong	dufong
蓬松	帐篷	弄松	蒙古	柠檬	大风
fong s欧	vong sen	vong ho	s哎 fong	fong k欧	vong ni
丰收	缝纫	奉化	山峰	封口	逢年

5. 分辨

zu mang	k哎 mong		mang zi	mong zi
做梦 ——	开蒙		孟子 ——	蒙自
fong guang	vong huang		bangk哎	bongjik
疯狂 ——	凤凰		迸开 ——	蹦极
bangsak	pongl凹		n凹 mang	mong bi
碰着 ——	捧牢		闹猛 ——	蒙蔽
mong dong	mang lik		mong ni欧	mang n安
懵懂 ——	猛烈		蒙牛 ——	猛男

6. 学讲上海闲话

① 我 来 介 绍 介 绍, 搿 位 是 胡 厂 长。
　ngo l哎 jia s凹 jia s凹 gak w哎 si hu cang zang

② 侬 好, 阿 是 口天 吴 啊?（阿是：是不是。）
　nong h凹 a si k欧 ti hu a

③ 勿 是 个, 是 古 月 胡。
　vak si gak si gu yuek hu

④ 侬 个 身 体 哪 能 介?我 老 牵 记 侬 个 哎。
　nong gak sen ti na nen ga ngo l凹 qi ji nong g哎

（牵记：记挂。）

⑤ 还 可 以, 谢 谢 侬 噢。侬 好 勿 啦?
　哎 ku yi xia xia nong 凹　nong h凹 vak la

⑥ 我 蛮 好 个, 就 是 邪 气 忙。有 空 来 聚
　ngo m哎 h凹 gak ji欧 si xia qi mang y欧 kong l哎 ju

聚。（邪气：非常。）
ju

⑦ 伊 拉 为 啥 勿 来 啊?阿 是 动 气 啦?（动气：
　yi la hu哎 sa vak l哎 a　a si dong qi la

生气。）

⑧ 勿 会 得 个, 侬 勿 要 忒 多 心 好 哦。
　vak w哎 dak gak nong vak y凹 tak du xin h凹 va

⑨ 鼻 头 塞 牢 了, 气 也 透 勿 出 来。（塞牢：塞住。）
　bik d欧 sak l凹 lak qi h哎 t欧 vak cak l哎

⑩ 是 重 感 冒 了, 要 多 吃 点 开 水, 休 息
　si song g安 m凹 lak y凹 du qik di k哎 si xi欧 xik

休 息。
xi欧 xik

⑪ 腰 扭 伤 脱 了,一 动 也 勿 好 动。
　　y凹 ni欧 sang tak lak yik dong ha vak h凹 dong

⑫ 眼 睛 老 痛 个,物 事 看 勿 清 爽。
　　ng哎 jin l凹 tong gak mak si k安 vak qin sang

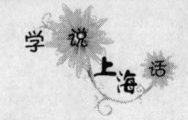

十二、入声韵母 ɑk ok ik üek

入声韵母北方话系统已基本消失(下江官话区,即苏北话还有)。因此,普通话里也是没有的,但在南方方言,如吴方言、粤方言、闽方言里依然保存着。

上海话是吴方言的代表方言,入声只在喉部收音。上海话里共有五类入声韵母:

ɑk	压	脚	麦	刮	吓 辣
ek	袜	勒	德	克	着 脱
ik	一	急	歇	滴	七 雪
ok	北	恶	角	叔	录 笃
üek	决	缺	血	月	

入声在发音时,好像音还没发全就突然被什么阻塞住了一样。比如普通话的"万一",如果把"一"读得很短促,就和上海话入声发音差不多了。

有英语基础的话就更容易了。英语的不定冠词"a"和上海话"鸭子"的"鸭"是同音;"book"中"oo"的发音就是上海话中的"屋里"的"屋"了;而"is"中的"i"就是上海话"一"的发音了。

记住:这里的k只是个入声符号,不能读出声音来。

ɑk、ek,这两个音的区别在开口度,是开口的大小不同。开口大些的是ɑk,小一些的则是ek。新派上海话ɑk、ek的区别已很不明显,经常会搞混。本书拼写趋同,只用ɑk表示这类读音。

1. 发音练习

(1)

bik	bik	pik	mik	dik	dik
必	鼻	撇	灭	滴	迪
tik	jik	jik	qik	xik	xik
铁	急	及	七	雪	拾

(2)

bak	bak	pak	mak	fak	dak
百	白	拍	麦	发	答
dak	tak	nak	jiak	ak	gak
达	塔	捺	脚	鸭	轧

(3)

bak	pak	dak	dak	tak	gak
拨	迫	德	夺	脱	割
kak	hak	lak	zak	sak	cak
客	盒	辣	折	十	拆

(4)

bok	bok	mok	fok	vok	dok
北	薄	摸	福	复	独
kok	niok	juek	quek	xuek	yuek
哭	肉	决	缺	血	月

2. 对比辨音

bi	bik	qi	qik	di	dik	ni	nik
比	笔	气	七	低	滴	年	日
la	lak	bu	bok	ba	bak	so	sok
拉	辣	布	剥	爸	八	沙	速
xi	xik	jia	jiak	mo	mok	jiɔ	jiak
徐	习	家	甲	马	木	叫	脚

3. 词语练习

(1) 训练1

bik xu	bik dɤ	gang tik	nik lik	fak sɿ	hu dak
必需	鼻头	钢铁	热烈	发财	回答
dɔ dak	jiak lik	zak jin	jik sak	m mak	dɔ dak
到达	脚力	扎劲	急煞	呒没	道德

(2) 训练2

cak sak	gok jia	fok qi	quek sɿ	xuek ak	yuek liang
出色	国家	福气	缺少	血压	月亮

47

kaknin	juekdin	xik qu	gok sak	tak li	lik liang
客人	决定	吸取	角色	脱离	力量

(3) 训练3

bok fang	pak lak	fak dak	b凹 tak	g哎 gak	gak gak
北方	泼辣	发达	宝塔	改革	鞋个

vok qi	ya sok	li lik	yi lik	c安 zak	nik ti
服气	爷叔	利率	系列	穿着	热天

(4) 训练4

sak co	jin cak	sak yi	xik g安	hok xik	ok ho
刹车	警察	适意	吸管	学习	恶化

xik sak	lok sak	hak bak	nik jiao	bak bak	zok nik
拾着	绿色	黑白	日脚	伯伯	作业

4. 分辨

zak	zi	xi	xik	ji	jik
只要——主要		西方——夕阳		机要——及腰	

zu	zok	sa	sak	ni	nik
做啥——作文		急啥——急煞		半年——半日	

ba	bak	li	lik
排挤——白金		离开——力量	

5. 学讲上海闲话

① 请问 侬 搿搭 阿有厕所间？
　　qin mem nong gak dak a y欧 ci su g哎

② 对 勿 起，我 也 勿 晓 得。
　　d哎 vak qi ngo ha vak xi凹 dak

③ 请问 侬 搿搭 阿有银行？
　　qin mem nong gak dak a y欧 nin hang

④ 银 行 啊？有 个，有 个，后 头 有 个，辣辣 商
　　nin hang a y欧 gak y欧 gak h欧 d欧 y欧 gak lak lak sang

场 个 二 楼。
sang gak ni l欧

⑤ 阿里只 商 场 啊?
　ha li zak sang sang a

⑥ 呃,辣马路斜对过, 侬 看见哦?
　n凹 lak mo lu qia d哎 gu nong k安 ji va

⑦ 请 问 小 丁 辣辣哦?
　qin mem xi凹 din lak lak va

⑧ 噢,伊 走 开 了, 侬 有 啥 事 体 哦?
　凹 yi z欧 k哎 lak nong y欧 sa si ti va

⑨ 我 姓 朱,是 伊 大 学 个 同 学,请 侬 搭 伊
　ngo xin zi si yi da hok gak dong hok qin nong dak yi

讲 一 声。
gang yik sang

⑩ 好 个,我 晓 得 了。
　h凹 gak ngo xi凹 dak lak

⑪ 谢 谢 侬 噢!
　xia a nong 凹

⑫ 嫑 客 气。(嫑:不要的合音。)
　vi凹 kak qi

十三、零声母音节

零声母音节在发音前通常有个阻塞动作,叫喉塞音,普通话里也有,只是没有强调去说它。比如普通话的"袄",在发音前它有个阻塞动作,与"包"中间的韵母 ao 读法不完全一样。

上海话零声母也一样。上海话零声母和普通话相同,也有四类:

a) 以 i 开头,前面加个 y 或改成 y,主要有 yi、ya、yik、yak、yin、y哎、y凹、y欧、yang;

b) 以 u 开头,前面加个 w 或改成 w,主要有 wu、wa、w哎、wak、wen、wang;

c) 以 ü 开头,前面加个 y,主要有 yu、yu安、yun、yong、yok、yuek;

d) 其他,主要有 a、o、er哎、安、凹、欧、ak、ek、ok、en、ong、ang、n、m、ng。

1. 发音练习

(1)

a	yi	wu	yu	yin	en
阿	衣	污	迂	因	恩
哎	安	凹	欧	wen	wang
哎	安	凹	欧	温	汪

(2)

a	安	yi	yu	yin	ya
矮	暗	已	喂	影	鸦
欧	y凹	wa	wen	yang	y欧
呕	腰	蛙	稳	央	优

(3)

ya	yang	y凹	y欧	er	ong
雅	羊	摇	有	而	翁

ang	yu	ya	yong	yik	wak
肮	雨	夜	永	一	挖

(4)

o	yi	yu安	yong	ak	ok
哑	咦	缘	用	鸭	屋
yik	yak	yuek	y凹	y欧	yin
乙	约	月	要	幼	赢

2. 对比辨音

安 ng安	哎 ng哎	欧 ng欧	yi ni
安——岸	哀——癌	欧——藕	意——艺
er ni	yu安 nü安	ni yi	yu nü
而——耳	圆——元	义——衣	雨——语
y凹 ng凹	yi ni	yin nin	yi ni
要——咬	移——疑	印——银	忆——议

3. 词语练习

(1) 训练1

哎jin	安xi	mi凹	欧z欧	a xi凹	凹dak
爱情	安全	棉袄	欧洲	矮小	凹凸
yisang	yin w哎	en jin	wu ya	er qi	yi zi
衣裳	因为	恩情	乌鸦	而且	椅子

(2) 训练2

l凹 ong	ang s哎	yik fang	ak gu	vang ok	yi xi
老翁	肮三	乙方	阿哥	房屋	以前
lok yu	b安 ya	d安 yu安	yi ni	m安 yuek	wu ju
落雨	半夜	团圆	意义	满月	乌龟

(3) 训练3

hak 安	凹 z欧	nik 哎	欧 tu	ok cok	yi sang
黑暗	澳洲	热爱	呕吐	腥踞	医生
ok yok	yu v哎	yu jin	ya niang	y欧 yong	huang ng
哦哟	喂饭	围巾	爷娘	游泳	黄鱼

（4）训练4

^yak si	^哎xik	o ^欧	y^凹 ho	^安si	y^凹 gua
药水	晏歇	丫头	腰花	碗橱	妖怪

yu^安 ga	n na	z^安w^哎	d^安 ng	m ma	ak di
冤家	尔奶	转弯	端午	姆妈	阿弟

4. 分辨

^安 ng^安　　　　ak　　o　　　　　欧　ng^欧
黑暗——海岸　　鸭子——哑子　　呕吐——偶然

yi　　ni　　　　y^凹　ng^凹　　　yin　　nin
回忆——会议　　谣传——咬人　　印子——银子

er　　ni　　　　yi　　ni
儿童——耳朵　　意思——毅力

5. 学讲上海闲话

① 我 要 到 东 方 明 珠 去。
　 ngo y^凹 d^凹 dong fang min zi qi

② 过 隧 道，一 歇 歇 就 到 唻。
　 gu s^安 d^凹 yik xik xik ji^欧 d^凹 l^哎

③ 现 在 隧 道 里 向 老 堵 个 哎。
　 yi s^哎 s^安 d^凹 li xiang l^凹 du g^哎

④ 葛 侬 讲 哪 能 办 呢？
　 gak nong gang na nen b^哎 n^哎

⑤ 要 末 阿 拉 上 南 浦 大 桥？
　 y^凹 mak ak lak sang n^安 pu da ji^凹

⑥ 路 程 差 勿 多 哦？
　 lu sen co vak du va

⑦ 路 是 要 远 一 眼，但 是 隧 道 里 向 开
　 lu si y^凹 yu^安 yik ng^哎 d^哎 si s^安 d^凹 li xiang k^哎

勿 动。
vak dong

⑧ 多 少 辰 光 好 到 啦?
　　du s凹 sen guang h凹 d凹 la

⑨ 正 常 个 大 概 廿 多 分 钟 哦,堵 牢 就 讲
　　zen sang gak da g哎 ni哎 du fen zong va du l凹 ji欧 gang

勿 清 爽 了。
vak qin sang lak

⑩ 还 好 乘 啥 个 车 子 哦?
　　哎 h凹 cen sa gak co zi va

⑪ 对 了,可 以 乘 地 铁 个,两 号 线 到 个。
　　d哎 lak ku yi cen di tik gak liang h凹 xi d凹 gak

⑫ 葛 我 去 乘 两 号 线 哦,地 铁 便 当。
　　gak ngo qi cen liang h凹 xi va di tik bi dang

十四、"低 底"——上海话声调(一)

上海话有5个声调:阴平,阴去,阳去,阴入,阳入。

这里说的上海话声调都是单音节上的,也就是读单字时的调子。在语句中,上海话声调会因连读而产生各种变调,这些变调只有在说习惯了上海话以后才能用熟。事实上,有不少上海人说话时声调也时常说错,可能祖籍不是上海。但在说话时一般都能理解,最多被人认为不是正宗上海人罢了。就好像国人说普通话,其实都并不标准,各种方音习惯都会带入普通话,但都不会影响互相之间的交际;也如同外国人学习现代汉语,声调常会说错,甚至完全没有声调,但在特定的语境里人们也大致能清楚他在说什么话一样,对句意的理解影响不大。

上海话声调是很容易辨别的。这里先看阴平声和阴去声。

(1) 阴平声的特点

上海话的阴平声除部分原就是入声之外,和普通话的阴平声(第一声)一样,都是清辅音。调值在听感上有点像普通话中的去声。比如"天、机、非、东、金、方、低、批、加、开、翻、该"。

(2) 阴去声的特点

凡普通话属于上声或去声的,上海话除原先是入声的一部分外,也都归在此。这里也都是清辅音声母。和普通话的上声单念不同,在听感上也有点带拐。比如"舔、几、费、懂、紧、放、底、屁、假、凯、反、改"。

(3) 阴平和阴去声的比较

声韵母都相同,但阴平和阴去不同的读音比较:

天——舔,机——几,非——费,东——懂,金——紧,方——放,低——底,批——屁,加——假,开——凯,翻——反,该——改。

因此可以先作个判断:

声母下面没有小横线,后面也没有 k 出现的,就是这两个声调了。

要区别这个音属于阴平声还是阴去声,则必须看这个字在普通话里是属于第一声还是第三、第四声。如果普通话发第一声,那就是上海话的阴平声;如果普通话发第三或第四声,则是上海话的阴去声。

1. 发音练习

(1) 阴平

a)

f哎	s哎	d哎	t哎	b凹	m凹
翻	山	担	推	包	猫
d凹	g凹	ji凹	c凹	b安	d安
刀	高	交	操	搬	端

b)

t安	c安	d欧	t欧	xi欧	z欧
贪	穿	兜	偷	修	周
g欧	fi	di	ti	zi	si
沟	飞	低	天	资	师

(2) 阴去

a)

f哎	s哎	d哎	t哎	b凹	s凹
反	伞	胆	退	饱	少
d凹	g凹	ji凹	c凹	b安	d安
到	告	叫	草	半	短

b)

t安	c安	d欧	t欧	xi欧	z欧
探	喘	斗	透	锈	走
g欧	fi	di	ti	zi	si
够	费	底	舔	纸	史

2. 对比辨音

(1) 前阴平后阴去

机——几　　飞——费　　东——懂　　高——告

低——底　　刀——到　　敲——靠　　资——纸

(2) 前阴去后阴平

火——呼　　抖——兜　　胆——担　　痛——通

透——偷　　想——香　　醒——星　　股——孤

3. 词语练习

(1) 训练1

ji d哎	qi pi	xi go	yin w哎	jin z凹	qin ju安
鸡蛋	欺骗	西瓜	因为	今朝	亲眷
xin xi	den p凹	fen k哎	din zi	zang lu	cang k欧
新鲜	灯泡	分开	钉子	张罗	窗口

(2) 训练2

sang nin	gang s哎	jiang l哎	xi wang	dong fang	ti kong
双人	江山	将来	希望	东方	天空
fi z欧	b哎 zi	pi bin	s哎 lang	xiang ho	xi mi
非洲	杯子	批评	山浪	乡下	西面

(3) 训练3

ji gak	qi c安	xi ben	yin zi	jin zang	qin su
几个	气喘	戏本	影子	紧张	请坐
xiang min	ben l哎	den d哎	fen hong	din lang	ku n凹
向明	本来	等待	粉红	顶浪	苦恼

(4) 训练4

cang dang	sang kua	gang nin	jiang go	tong ku	zang ga
闯荡	爽快	讲人	酱瓜	痛苦	涨价
xi凹 xin	bi ji凹	h凹 nin	di ho	dongsang	t凹 len
小心	比较	好人	底下	冻伤	讨论

4. 分辨

机头——箭头　　西头——线头　　机要——纪要
通过——痛苦　　仿造——方便　　讽刺——风向
恐怕——空气　　土地——拖拉

5. 学讲上海闲话

① 我 还 有 点 事 体，要 走 了。
　 ngo 哎 y欧 di si ti y凹 z欧 lak

② 老 可 惜 个 呕，还 有 交 关 闲 话 来 勿
　 l凹 ku xik gak n凹 哎 y欧 ji gu哎 h凹 ho l哎 vak

及 讲。
jik gang

③ 我 会 得 再 来 个 呀，改 日 阿 拉 好 好 叫
　 ngo w哎 dak z哎 l哎 gak ya g哎 nik ak lak h哎 h凹 ji凹

谈 谈。
d哎 d哎

④ 好 个 呀！一 定 要 来 个 噢。葛 我 送
　 h凹 gak ya yik din y凹 l哎 gak 凹 gak ngo song

送 侬。
song na

⑤ 留 步，留 步，勿 要 再 送 了，进 去 哦！
　 li欧 bu li欧 bu vak y凹 z哎 song lak jin qi va

⑥ 好 个，走 好，勿 送 了 噢。
　 h凹 gak z欧 h凹 vak song lak 凹

⑦ 侬 住 辣 阿 里 搭？
　 nong si lak ha li dak

⑧ 淮 海 路 妇 女 用 品 商 店 附 近。
　 hua h哎 lu vu nü yong pin sang di vu jin

⑨ 噢,耐是 上 只 角哎,耐搭哪能介去法子
　凹 gak si sang zak gok 哎 gak dak na nen ga qi fak zi

啊？（上只角：上海的高档住宅区。）
a

⑩ 侬 想 乘 公 交 车 还是 地铁？
　nong xiang cen gong ji凹 co 哎 si di tik

⑪ 侪可以个。
　s哎 ku yi gak

⑫ 地铁 一 号 线 到 黄 陂 南 路 下 来 朝 前 走
　di tik yik h凹 xi d凹 huang bi n安 lu ho l哎 s凹 xi z欧

就 可 以 了。
ji欧 ku yi lak

十五、"第"——上海话声调(二)

上海话"阳去"声的声母都为浊辅音,以普通话的阳平和去声字为多,还有少量的上声字。在本书中,除了"v、ng"外,只要看见声母下面带有小横线的,且韵母最后没有出现 k 的,就是这一类声调了。

在听感上,阳去声和普通话的第二声(阳平声)差不多。比如"其、第、大、茶、堂、同、定、逃、台、字、号、盾、长"。

1. 发音练习

(1)

ba	bi	bo	bu	b安	b哎
罢	皮	爬	步	盘	陪
bang	b凹	ben	bin	da	di
旁	跑	笨	病	大	地

(2)

du	d哎	d安	d凹	dang	den
度	蛋	团	逃	荡	邓
din	di凹	g凹	ga	ji	jin
定	条	搞	茄	其	琴

(3)

jiang	ji凹	ji欧	ju安	jiong	xi
强	桥	求	拳	穷	全
xia	xi欧	xin	xiang	si	s哎
谢	袖	寻	象	是	才

(4)

s凹	sa	so	l哎	n哎	l凹
造	惹	茶	来	难	老
n凹	l欧	long	nong	lang	lu
闹	楼	龙	侬	狼	路

(5)

li	ma	mu	mi	m凹	mong
利	卖	墓	迷	帽	蒙

mang	m哎	m安	mi凹	y凹	yi
忙	慢	满	庙	摇	伊

(6)

huang	hong	h欧	h哎	ya	yi
王	红	后	咸	爷	沿

y欧	yu	yin	yang	nin	niong
游	羽	营	羊	迎	浓

2. 对比辨音

(1) 前阴平后阳去

低——地　　机——其　　飞——肥　　东——同
松——重　　丝——是　　高——搞　　金——琴

(2) 前阴去后阳去

懂——动　　粉——份　　好——号　　底——弟
手——受　　指——时　　紧——尽　　土——图

3. 词语练习

(1) 训练1

bi s凹	di凹 bi	mi d凹	vi li凹	di d凹	dong yi
肥皂	调皮	味道	肥料	地道	同意

ji凹 d欧	h凹 mo	h欧 哎	jiong nin	din zi	nin ga
桥头	号码	后来	穷人	亭子	人家

(2) 训练2

bi ni	di凹 gang	ven di	dangs凹	nin ga	凹 fu
便宜	调羹	问题	唐朝	人家	老虎

jun zi	ji凹 zang	nin zi	dong d哎	nong min	long dang
裙子	桥桩	银子	同台	农民	弄堂

(3) 训练3

bi b凹	m凹 d欧	lu d凹	gong dong	jin l凹	ho d凹
皮包	矛头	路道	共同	勤劳	下头
b凹 bu	ven ho	xi ni	h安 lang	h哎 nin	h欧 l哎
跑步	文化	前年	寒冷	害人	后来

(4) 训练4

bi dang	d凹 sang	di n!	l凹 song	jin kuang	h凹 d欧
便当	道场	电脑	老虫	情况	号头
b凹 lang	mi ho	vi xin	s凹 j欧	s哎 c哎	s安 di
爆冷	棉花	微信	造就	财产	传递

4. 分辨

wu g凹	wu g凹	xi d欧	xi d欧	din zi	din zi
诬告——乌搞		先头——前头		钉子——定制	

xi ni	qi ni	qin si	jin si	ho d欧	ho d凹
前年——千年		清水——情书		花头——下头	

s欧 d欧	s欧 d欧	ho jia	ho ga	vi xin	w哎 xin
手头——寿头		画家——花架		微信——威信	

song zi	song zi	s凹 v哎	s凹 f哎	si xi	si xi
松子——虫子		烧饭——造反		水仙——事先	

ba zi	ba gong	si b凹	ji b凹	huang so	hong so
巴子——罢工		书包——旗袍		黄沙——红茶	

bin len	pin xia	pen si	ben zi	fang xiang	vang zi
评论——拼写		喷水——盆子		方向——房子	

gang gang	gang du	gong yong	gong y欧
刚刚——戆大		公用——共有	

5. 学讲上海闲话

① 我 想 到 国 际 饭 店 去，哪 能 介 去 法
   ngo xiang d凹 gok ji v哎 di qi na nen ga qi fak

子 啊？
zi a

② 侬 先 朝 前 走,到 南 京 西 路,口口头 有 家
　nong xi s凹 xi z欧 d凹 n安 jin xi lu k欧 k欧 d欧 y欧 ga
新 世 界 商 场。(口口头:头子上。)
xin si ga sang sang

③ 挨 下 去 呢?(挨:接下去。)
　a ho qi n哎

④ 沿 牢 南 京 西 路,看 到 金 门 饭 店,大 光 明
　yi l凹 n安 jin xi lu k安 d凹 jin men v哎 di da guang min
电 影 院。(沿牢:沿着。)
di yin yu安

⑤ 就 辣 边 浪 向 啊?
　ji欧 lak bi lang xiang a

⑥ 到 快 了,再 朝 前 走 一 眼 眼 就 是 国 际 饭
　d凹 ku凹 lak z哎 s凹 xi z欧 yik ng哎 ng哎 ji欧 si gok ji v哎
店 了。(到快:快到。)
di lak

⑦ 请 问 搿 搭 是 啥 地 方 啊?
　qin men gak dak si sa di fang a

⑧ 侬 要 到 啥 地 方 去 啊?
　nong y凹 d凹 sa di fang qi a

⑨ 我 要 到 豫 园 去。
　ngo y凹 d凹 yu yu安 qi

⑩ 噢,辣 搿 搭 乘 廿 六 路 电 车。
　凹 lak gak dak cen ni哎 lok lu di co

⑪ 过 去 远 哦?
　gu qi yu安 va

⑫ 还 可 以 个,勿 算 忒 远。
　哎 ku yi gak vak s安 tak yu安

62

十六、"滴笛"——上海话声调(三)

粤、闽、吴方言至今依然保留入声,北方大部分方言则入声早已消失。入声是留在方言中的语音活化石,必须注意保护。

平、上、去声是舒声,属于长音,在听感上显得宽缓舒展,辽远娴静;入声是促音,属于短音,在听感上则显得急促剧烈,烦杂激动。舒缓低沉、平静的舒声和短促的入声夹杂,舒促相形,长短相间。押入声韵的诗词音节短促,时舒时促的诵读极显韵味,构成一种特殊的音韵美。舒和促和平仄一样,可形成语音上的对称。若把舒声比作音乐中的全拍,促声则占半拍。舒促相间,在语音就形成了类似切分音的节奏感。

以往符合平仄、舒促规律的唐宋诗词若用现在的普通话去念常显不合,缺失了不少语音美感,对古诗文的赏析因此就会大受影响。如《竹室吟》:

　　山溪飞幽鸽,
　　云霞游闲蝶。
　　海水涌远雪,
　　雾气宕静月。

从共同语的声调音值来看:第一句全为阴平,第二句全为阳平,第三句全为上声,第四句全为去声,显得十分单调。其实,这首诗在第五字位置上均为入声,舒促效果是十分明显的。

"风雪百年",这4个字从平仄角度来看,北方话、粤语、吴语都谐;但北方话全为舒声,而粤语、吴语则是"舒促促舒",因此更具有语音美。再如吴语的"勿晓得","勿""得"为促声,为半拍,中间"晓"是全拍,形成切分音节,更具美感。

阴、阳的区别在声母上。阴声的声母是清辅音,阳声的声母为浊辅音。

在本书的标音上,阴入、阳入在音节最后都有个k,但阴入声

母下面没有小横线；阳入声母除"v、ng"**不加小横线外**，下面都有条小横线；因此还是比较容易区分的。

1. 发音练习

(1) 阴入

a)

bak	pak	bik	bok	bak	pak
八	迫	笔	北	拨	拍
dok	dik	tak	tok	tik	tak
笃	滴	塔	托	踢	脱

b)

pok	pik	dak	jik	qik	xik
朴	撇	答	急	切	雪
gak	gok	kak	zak	zok	cak
夹	国	掐	扎	捉	赤

c)

juek	quek	xuek	jiak	qiak	xiak
决	缺	血	脚	恰	削
gak	kak	kok	zok	cok	sok
割	客	哭	足	戳	缩

d)

zak	cak	sak	dak	jik	qik
责	插	色	得	节	七
hak	qik	sak	zak	guak	kuak
黑	吃	杀	只	刮	阔

(2) 阳入

a)

bak	bok	bik	dak	dok	dik
拔	缚	别	达	读	迪
gak	gok	jik	juek	xik	xiak
挤	搁	及	倔	拾	嚼

b)

mak	mok	mik	vak	vok	lak
没	摸	蜜	佛	服	勒
lok	lik	nik	niok	sak	sok
鹿	列	热	肉	宅	浊

c)

ngak	ngok	hak	huak	yik	yok
额	岳	盒	活	页	浴
hok	yak	yuek	huak	bik	nak
学	药	月	划	鼻	捺

d)

bak	dak	gak	xik	mak	huak
白	夺	骼	席	袜	活
nik	lak	lok	niok	hak	sak
日	辣	绿	玉	狭	直

2. 词语练习

(1) 训练 1

bak sak	dak yin	gak sang	tak b哎	hak ng	qik v哎
八十	答应	夹生	脱班	黑鱼	吃饭
juek ho	ng哎 sak	bok mi	pak s欧	bik ga	s哎 pik
菊花	颜色	北面	拍手	笔架	三撇

(2) 训练 2

mak zi	fak dak	lak mak	vak dang	kak dang	nik jiak
袜子	发达	辣末	佛堂	客堂	日脚
bik zen	hok sang	dok si	jik zong	sok nik	mak xia
别针	学生	读书	集中	昨日	默写

(3) 训练 3

bik sak	tik niok	jik gak	song fok	li欧 hok	s哎 kok
笔直	贴肉	及格	重复	留学	残酷
lik liang	sok s欧	h凹 jik	k欧 sak	zok nik	s欧 sok
力量	缩手	豪杰	口舌	作业	手镯

65

(4) 训练 4

lik zen	niok sak	fok sak	vok yong	yuek liang	bok gu
立正	玉色	复杂	服用	月亮	博古

ji jik	y欧 qik	xi欧 xik	lok sak	sak bak	ngak gok d欧
季节	油漆	休息	六十	十八	额角头

3. 分辨

dik　　dik　　　　jik　　jik　　　　sak　　sak
滴水——笛子　　急煞——杰出　　塞头——石头

sok　　sok　　　fok　　vok　　　bik　　bik
镴头——缩头　　福气——服气　　笔头——鼻头

4. 学讲上海闲话

① 辩 个 是 侬 囡儿 啊?
　gak gak si nong n安 ng a

② 咸,是 个 呀。快 点 叫 爷 叔。
　h哎 si gak ya kua di ji凹 ya sok

③ 喔唷,俉 囡儿 老 好 看 个,勿 像 侬 嘛。
　ok yok na n安 ng l凹 h凹 k安 gak vak xiang nong ma

④ 咸,像 伊 拉 爷 呀!
　h哎 xiang yi la ya ya

⑤ 我 欢 喜 热 天,大 冷 天 实 在 勿 适 意。
　ngo h安 xi nik ti du lang ti sak s哎 vak sak yi

⑥ 是 个 呀。不 过 我 最 欢 喜 春 天。
　si gak ya bak gu ngo z安 h安 xi cen ti

⑦ 葛 当 然! 花 介 许 多,好 看 得 勿 得 了。
　gak dang s安 ho ga xi du h凹 k安 dak vak dak li凹

⑧ 树 叶 子 老 嫩 个,好 看 来!
　si yik zi l凹 nen gak h凹 k安 l哎

⑨ 到 飞 机 场 去 乘 啥 个 车 子 啊?
　d凹 fi ji sang qi cen sa gak co zi a

66

⑩ 侬 到 阿 里 只 机 场 啊？
nong d凹 ha li zak ji sang a

⑪ 我 要 到 浦 东 机 场 去。
ngo y凹 d凹 pu dong ji sang qi

⑫ 乘 机 场 四 线 好 咪。
cen ji sang si xi h凹 l哎

第二部分　上海话会话

　　这个部分主要学些上海话的基本生活用语,以人物对话的形式出现。上海话的每个字下都有作者设计的上海话注音符号。

　　符号基本采用汉语拼音,在声母下面划有一小短横的表示是个浊辅音。而汉语拼音中没有的韵母,就用小号汉字"凹欧安哎"来表示;入声韵母在音节最后有个k,表示这个音要读得短促,k不发音。

　　为免除大家辨识声调的麻烦,这里没有标出声调,本书配有光盘可参考听辨,大家只要读个近似音就可以了。请看范例:

　　侬　　好。　　　　（上海话）
　　nong　h凹　　　　（汉语拼音加注音符号）

　　有些词语是上海话特有的,凡这类词语都在对话最后加了注释,读者可以通过注释了解词语的意义。

　　在每篇对话后还编有以下几个小栏目:

1. 词语扩充

　　生活各个方面的常用词语都分门别类附在其中,并标注了拼音,以便学习者查找。

2. 惯用语学习

　　这个部分词语或短语均为特殊的惯用语,没有对应的普通话词语,采用三行样式:中间一行为惯用语,上面是普通话的简单注释,下面是上海话音标。请看范例:

　　　　　　　　谈条件
　　　　　　　讲斤头
　　　　　　gang jin d欧

3. 侬晓得哦

这里主要有两个大项：

一是对上海话语法做些简单归类，以便学习者举一反三，弄清上海话大致情况；

二是挑选了 5 个熟语进行简单介绍，并写出 2 个句子以供学习者模仿。

相关知识学习的最终目的是找出规律，以便更好地掌握语言。学习语言是掌握一种技能，不是对知识的掌握。中国人学习英语最大的失败，就是把语言当知识来学，语法懂了很多，却开不了口，达不到交际用途。

熟才能生巧，任何要学习的技能都是如此。因此，书中的会话练习要读熟，一定要做到能脱口而出。千万不要看了书会念，放掉书就什么都不知道了。如果一句话已经基本学会了，就应该读个三五遍，甚至十遍，直到不看书也能说出来了才去学习、掌握下一句。

在说上海话时还要请大家特别注意一点，那就是上海话使用的声音音区比普通话的要低些。倘若人的声区有"多，来，米，发，扫"五度的话，如果普通话"你好"使用的声区在"扫"上，那么，上海话"侬好"最多只能在"米"上，不能再抬高。作者接触过不少外地朋友，特别是女士，上海话说得已不错，但一开口，上海人就想笑，就会说："喔唷，侬哪能介嗲个啦？（哎呀，你怎么这么嗲的呢）"主要原因就是使用的声区太高，使人感到像在学上海的小孩说话一样。

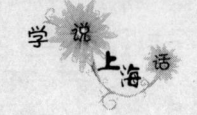

一、介绍认识

(一)

甲：我 来 介 绍 介 绍,搿 位① 是 陈 经 理, 哀 位② 是
　　ngo l哎 jia s凹 jia s凹 gak w哎 si sen jin li 哎 w哎 si

　　吴 厂 长。
　　hu cang zang

乙：欢 迎,陈 经 理,请 问 是 阿 里 个③ 陈,耳 东 陈
　　h安 nin sen jin li qin men si ha li gak sen er dong sen

　　还 是 关 耳 郑 啊?
　　哎 si gu 哎 er sen a

甲：噢,侪④ 勿⑤ 是 个⑥,是 成 功 个 成。
　　凹 s哎 vak si gak si sen gong gak sen

乙：请 问 胡 厂 长, 侬⑦ 是 阿 里 个 胡, 古 月 胡?
　　qin men hu cang zang nong si ha li gak hu gu yuek hu

　　口 天 吴?
　　k欧 ti hu

甲：噢,勿 是 个,是 人 可 何。
　　凹 vak si gak si nin ku hu

乙：㑚⑧ 是 啥⑨ 地 方 人 啊?
　　na si sa di fang nin a

甲：阿 拉⑩ 是 湖 北 人。
　　ak lak si hu bok nin

70

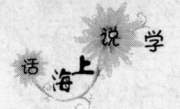

乙：河 北？阿 里 个 河 北？黄 河 个 河？
　　hu bok ha li gak hu bok huang hu gak hu

甲：勿 是 个，是 洞 庭 湖 个 湖。
　　vak si gak si dong din hu gak hu

乙：来，坐 坐 坐，吃⑪ 杯 茶，坐 下 来 慢 慢 叫⑫ 谈
　　l哎 su su su qik b哎 so su ho l哎 m哎 m哎 ji凹 d哎
　　好 哚⑬。
　　h凹 l哎

甲：好 个，谢 谢 侬 噢。
　　h凹 gak xia xia nong 凹

注释：
　　① 搿位：这位。② 哀位：那位。③ 阿里个：哪一个。④ 伲：都。⑤ 勿：不。⑥ 个：相当于普通话的"的"。⑦ 侬：你。⑧ 㑚：你们。⑨ 啥：什么。⑩ 阿拉：我，我们。⑪ 吃：上海话凡用嘴的以往都说吃，不说"喝"。⑫ 慢慢叫：慢慢地。⑬ 哚：语气词，比较委婉。

（二）

张：搿 位 是 何 秘 书，有 啥 事 体① 末② 侬 寻③ 伊④
　　gak w哎 si hu bi si y欧 sa si ti mak nong xin yi
　　好 哚。
　　h凹 l哎

刘：请 问 是 啥 个 贺？祝 贺 个 贺？
　　qin men si sa gak hu zok hu gak hu

何：噢，勿 是 个，是 人 可 何。
　　凹 vak si gak si nin ku hu

71

刘:侬 好,我 姓 刘。是 主 管 辣 只⑤ 项 目 个。
nong h凹 ngo xin li欧 si zi g安 gak zak hang mok gak

何:请 问 侬 阿 是⑥ 柳 树 个 柳 啊?
qin men nong a si li欧 si gak li欧 a

刘:勿 是 个,是 文 刀 刘,哎,辣 是 我 个 名 片。
vak si gak si ven d凹 li欧 n凹 gak si ngo gak min pi

何:请 问 侬 是 从 阿 里 搭⑦ 来 个?
qin men nong si song ha li dak l哎 gak

刘:我 是 江 西 人。我 从 九 江 来。
ngo si gang xi nin ngo song ji欧 gang l哎

何:现 在 辰 光 勿 早 了,阿 拉 到 外 头 去 吃 顿
yi s哎 sen guang vak z凹 lak ak lak d凹 nga d欧 qi qik den

便 饭 好 哦⑧?
bi v哎 h凹 va

张:好 个,阿 拉 走 哦!
h凹 gak ak lak z欧 va

刘:㑚 先 走,我 去 汏 汏 手⑨,马 上 过 来。
na xi z欧 ngo qi da da s欧 mo sang gu l哎

注释:
　　① 事体:事情。② 末:提顿语。③ 寻:找。④ 伊:他、她、它。⑤ 辣只:这个。⑥ 阿是:是不是。⑦ 阿里搭:哪里。⑧ 哦:疑问词或语气词,相当于普通话的"吗"或"吧"。⑨ 汏手:洗手,凡普通话用"洗"的上海话都是"汏"。

(三)

黄:请问 侬 尊姓啊?
　　qin men nong zen xin a

王:我 姓 王,三 划 王。搿是我个名片。
　　ngo xin huang s哎 huak huang gak si ngo gak min pi

黄:噢,我也姓 黄,不过是草头 黄。
　　凹 ngo ha xin huang bak gu si c凹 d欧 huang

王:请问伊叫啥个名字啊?
　　qin men yi ji凹 sa gak min si a

黄:伊叫 张 越,是阿拉个经理。
　　yi ji凹 zang yuek si ak lak gak jin li

王:噢,是阿里个 章 啊? 立早 章?
　　凹 si ha li gak zang a lik z凹 zang

张:是 弓 长 张,勿是立早 章。
　　si gong sang zang vak si lik z凹 zang

1. 词语扩充

a) 普通称谓(pu tong cen w哎):阿婆(a bu)、阿姨(yi)、老爷(l凹 ya)爷、老太(ta)太、老伯(bak)伯、先生(xi sang)、朋友(bang y欧)、美女(m哎 nü)、小姐(jia)、大(du)人、小人、小囡(n安)、小妹(m哎)妹、小弟(di)弟。

b) 亲属(qin sok):太(ta)太、老爹(dia)、亲娘(qin niang)、阿爷(ak ya)、阿娘、大(da)大、尔奶(n na)、伯(bak)伯、大姆妈(du m ma)、爷叔(sok)、婶(sen)婶、孃(niang)孃、姑夫(gu fu)、姨(yi)

73

妈、阿姨(aₖ yi)、姨夫、娘舅(ji 欧)、舅妈、阿舅(aₖ ji 欧)、小叔(xi 凹 soₖ)子、姑娘(gu niang)；阿伯、爸(ba)爸、姆(m)妈、妈妈、儿子(ni zi)、新妇(xin vu)、囡儿(n 安 ng)、女婿(nü xu)、阿哥(gu)、阿嫂(s 凹)、阿姐(jia)、姐夫(fu)、阿弟(di)、弟新妇、阿妹、妹夫、侄(saₖ)子、侄囡、外甥(sang)、外甥新妇、孙(sen)子、孙囡、外孙(nga sang)、外孙囡。

2. 惯用语学习

返潮	出纰漏	坚强	有劲	难以对付
还潮	**豁边**	**弹硬**	**扎劲**	**促揢**
hu 哎 s 凹	huak bi	d 哎 ngang	zak jin	cok kak
奸诈	精明	质量差、糟糕	硬而平整	质量差
奸刁	**精刮**	**搭浆**	**挺刮**	**蹩脚**
g 哎 di 凹	jin guak	dak jiang	tin guak	bik jiak
慢吞吞做事	不断变换着装	显示气派	谈条件	无业待在家
磨洋工	**翻行头**	**掼派头**	**讲斤头**	**伏豆芽**
mo yang gong	f 哎 hang d 欧	gu 哎 pa d 欧	gang jin d 欧	bu d 欧 nga
一下子	夜晚买卖	待会见	腹泻	洗脸水
一记头	**夜市面**	**晏歇会**	**肚皮惹**	**揩面水**
yik ji d 欧	ya si mi	哎 xik hu 哎	du bi sa	ka mi si

3. 侬晓得哦

(1) 上海话的代词(一)(括号里为普通话)

我 ngo　　(我)　　　侬 nong　　(你)　　　伊 yi　　　(他,她,它)
阿拉 aₖ lak (我们)　　伲 na　　　(你们)　　伊拉 yila　(他们)
大家 daga　(大家)　　自家 si ga　(自己)　　人家 ninga (人家)
别人 biₖ nin (别人)　　别人家 biₖ ninga (别人)

下面举例：

甲：侬看,伊拉辣盖吵相骂哦。(辣盖：在。吵相骂：吵架。)

乙：侬勿要吓讲。伊拉辣打甏,勿是真个打。(吓讲:乱说。打甏:开玩笑。)

甲：伊马上要来收作侬了,侬要当心点！(收作:收拾。)

乙：做啥,我又勿怕伊个,来好了。

请特别留意："阿拉"虽是第一人称复数,但有时也作为第一人称单数出现。比如：

侬一家头去好了,阿拉勿高兴去。(一家头:一个人。勿高兴:不愿意,不想。)

阿拉推板来西个,吭没人家好,所以侬看勿中阿拉个。(推板来西:很差。)

"拉"还可用在物主名词后面表示类似"他们"的复数,是表示类集的后缀。例如：

㓥桩事体小张拉晓得哦?(㓥桩事体:这件事情。晓得:知道。)

我昨日辣阿姨拉白相。(白相:玩。)

"人家"虽说指的是别人,但有时也会指自己的。比如：

侬做啥啦,人家勿想睬侬呀！侬烦头势啊！(烦头势:好烦。)

侬安静点来三哦,人家勿欢喜吵来西个。(来三:行。欢喜:喜欢。吵来西:很吵。)

"伊"通常是作为第三人称单数出现的,但有时它也可以用在动词后面,成为一个虚义的结尾。比如：

侬衣裳汰汰伊,台子揩揩伊,地板拖拖伊,夜饭烧烧伊好哦?

(2)上海话熟语解释

a)一本三正经(yik ben s̩ zen jin):一本正经的样子。

做啥一本三正经啦,随便点好哦?

伊辣伊面搭我一本三正经哦,介怪个。

75

b) 十三块六角(sak s哎 ku哎 lok gok)：龟甲纹分成十三块,四足头尾为六角,比喻人为乌龟。

家主婆辣外头有野食个,伊是十三块六角哎!
伊辣屋里又没地位个,十三块六角哎。

c) 三分钟热度(s哎 fen zong nik du)：比喻不长久的热情。

伊做事体侬好相信啊,三分钟热度呀!
做随便啥事体侪勿可以是三分钟热度个。

d) 小贼出外快(xi凹 sak cak nga kua)：获得意外的好处。
今朝拾着只皮夹子,小贼出外快。
叫伊一道去吃吃饭,小贼出外快,拿着交关物事。

e) 一票里货色(yik pi凹 li fu sak)：一路货色,含贬义。

搿两个人是一票里货色,侬好睬伊拉个啊!
伊拉侪是一票里货色,碰也勿要去碰伊拉。

二、家族成员称谓

(一)

甲：哎,侬爸爸身体好哦?
　　哎 na ba ba sen ti h凹 va

乙：蛮①好个。谢谢。
　　m哎 h凹 gak xia xia

甲：侬妈妈呢?
　　na ma ma n哎

乙：我姆妈身体勿大好。
　　ngo m ma sen ti vak da h凹

甲：哎,哪能②会得③个啦④?
　　哎 na nen w哎 dak gak la

乙：阿拉大姨妈生毛病,伊天天去陪辣海⑤,
　　ak lak du yi ma sang m凹 bin yi ti ti qi b哎 lak h哎

　　弄伤脱了。
　　long sang tak lak

甲：侬娘舅⑥勿去陪陪啊?
　　na niang ji欧 vak qi b哎 b哎 a

乙：也去个,伊陪夜里向⑦。
　　ha qi gak yi b哎 ya li xiang

77

甲：倷小阿姨呢？也好去陪陪个呀！
　　na xi凹 a yi n哎 ha h凹 qi b哎 b哎 gak ya

乙：伊辣盖外国老板手里做，勿好请假个。
　　yi lak g哎 nga gok l凹 b哎 s欧 li zu vak h凹 qin ga gak

甲：噢，叫倷姆妈有空多休息休息。
　　凹 ji凹 na m ma y欧 kong du xi欧 xik xi欧 xik

乙：好个呀，我会得提醒伊个，谢谢侬噢。
　　h凹 gak ya ngo w哎 dak di xin yi gak xia xia nong 凹

注释：
　　①蛮：相当于普通话的"挺"。②哪能：怎么。③会得：会。④个啦：的呀。⑤辣海：在。⑥娘舅：舅舅。⑦夜里向：晚上。个呀：表示确实、肯定语气（比单用"个"更强调肯定）。

（二）

甲：小杨，倷外公外婆身体好哦？
　　xi凹 yang na nga gong nga bu sen ti h凹 va

乙：伊拉蛮好个呀。
　　yi la m哎 h凹 gak ya

甲：倷大大①、尔奶② 身体哪能啊？
　　na da da n na sen ti na nen a

乙：伊拉勿要忒好③ 噢！天天到公园里向④
　　yi la vak y凹 tak h凹 凹 ti ti d凹 gong yu安 li xiang
　　去打太极拳个。
　　qi dang ta jik ju安 gak

78

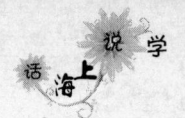

甲：倷小爷叔结婚了哦？
na xi ya sok jik hun lak va

乙：快了,阿拉 孃 孃⑤、姑夫天天辣盖 帮伊一
kua lak ak lak niang niang gu fu ti ti lak g哎 bang yi yik

道⑥ 忙。
d凹 mang

甲：倷大伯伯、大姆妈呢？
na du bak bak du m ma n哎

乙：伊拉邪气潇洒个,没啥事体。
yi la xia qi xi凹 sa gak mak sa si ti

甲：倷侄子读大学了哦？
na sak zi dok da hok lak va

乙：读了噢,阿拉侄子书读得老⑦好个咸⑧。
dok l凹 ak lak sak zi si dok dak l凹 h凹 g哎

甲：倷囡儿搭倷外甥囡要好⑨勿啦⑩？
na n安 ng dak na nga sang n安 y h凹 vak la

乙：伊拉要好个噢⑪,常 庄⑫辣辣一道白
yi la y凹 h gak h凹 sang zang lak lak yik d凹 bak

相 个。
xiang gak

甲：倷儿子今年几岁啦？
na ni zi jin ni ji s安 la

79

乙：伊已经廿二岁唻,快哦?
yi yi jin ni哎 ni s安 l哎 kua va

甲：是个呀,日脚⑬过得真快,阿拉侪老了。
si gak ya nik jiak gu dak zen kua ak lak s哎 l凹 lak

乙：瞎讲⑭,侬一眼⑮也勿老。佴先生⑯工作忙哦?
ha gang nong yik ng哎 ha vak l凹 na xi sang gong zok mang va

甲：阿拉老公啊,忙得来要死⑰,天天到成更半夜⑱回转来⑲。
ak lak l凹 gong a mang dak l哎 y凹 xi ti ti d凹 sen gen b安 ya hu哎 z安 l哎

乙：叫伊当心点身体,做伤脱是勿恰算⑳个。
ji凹 yi dang xin di sen ti zu sang tak si vak gak s安 gak

注释：
①大大:爷爷。②尔奶:奶奶。③勿要忒好:不要太好。④里向:里面。⑤孃孃:姑姑。⑥一道:一起。⑦老:很。⑧个咸:表示确定、肯定的语气。⑨要好:指关系很好。⑩勿啦:表示是非问,语气较"哦"强,常带有"究竟、到底"的语意。⑪个噢:表示肯定。⑫常庄:时常。⑬日脚:日子。⑭瞎讲:胡说。⑮一眼:一点。⑯先生:丈夫。⑰要死:要命。⑱成更半夜:深更半夜。⑲回转来:回来。⑳恰算:划算。

1. 词语扩充

经商(jin sang)、老板(l凹 b哎)、秘书(bi si)、办事员(b哎 si yu安)、职工(zak gong)、主管(zi g安)、上级(sang jik)、部门(bu men)、小菜场(xi凹 c哎 sang)、厕所(ci su)、饭(v哎)店、酒(ji欧)店、

宾馆(bin gu哎)、书城(si sen)、书报亭(b凹 din)、书店(di)、商(sang)店、百货(bak hu)商店、土产(tu c哎)商店、点心(di xin)店、便利(bi li)店、钟表(zong bi哎)店、珠宝(zi b哎)店、时装(si zang)店、鞋帽(ha m凹)店、古玩(gu hu哎)店、绸布(s欧 bu)店、文具(ven ju)店、中药(zong yak)店、食品公司(sak pin gong si)、超市(c凹 si)、大卖场(da ma sang)、药房间(yak vang g哎)、培训部(b哎 xun bu)、美发(m哎 fak)店、美容院(yong yu哎)。

交通(ji凹 tong)、工商(gong sang)、农(nong)商、招(z凹)商、农业(nik)、建设(ji sak)、民生(min sen)银行(nin hang)。

2. 惯用语学习

差劲	结巴	跛脚	围在婴儿胸前小布片
推板	**楞嘴**	**跷脚**	**围涎**
t哎 b哎	len zi	qi凹 jiak	yu d哎

耐心	吝啬	令人讨厌	心中愉快
心想	**刮皮**	**促气**	**捂心**
xin xiang	guak bi	cok qi	wu xin

身体单薄	按理说	急躁不安	有些害怕
单牢	**派派**	**极吼吼**	**吓老老**
d哎 l凹	pa pa	jik h欧 h欧	hak l凹 l凹

许诺而不兑现	找借口	做事说话不着边际	眼珠
开大兴	**借因头**	**野豁豁**	**眼乌珠**
k哎 da xin	jia yin d欧	ya huak huak	ng哎 wu zi

摆样子耍花招	墨黑	摆出傲慢姿态	形容怕冷的样子
摆噱头	**墨出黑**	**摆奎劲**	**煨灶猫**
ba xuek d欧	mak cak hak	ba ku哎 jin	w哎 z凹 m凹

3. 侬晓得哦

(1) 上海话的代词(二)(括号里为普通话词语)

豁搭 gakdak (这里)   伊搭 yidak (那里)   哀搭哎 dak (那里)

㸐面 ga̱kmi （这边）　伊面 yimi （那边）　哀面 ᵋmi （那边）
㸐个 ga̱kga̱k （这个）　哀个 ᵋga̱k （那个）　伊个 yiga̱k （那个）
迭个 di̱kga̱k （这个）

下面举例：

㸐个女人死腔头势啊，发啥个嗲。（死腔头势：令人讨厌。发嗲：撒娇。）

㸐面墙浪个照片老好看个，小姑娘老讨人欢喜。（欢喜：喜欢。）

哀个人老结棍个嘛，模子大来，是啥人啊？（结棍：厉害。模子：身坯。）

侬看，哀面走过来个是我个要好朋友。（要好：关系好。）

(2) 近远指

上海话里"㸐"的用法是很宽泛的，凡是对话双方彼此共指的，或者见到的，指着的，前面或者以前提到过的事物，不论远近都用"㸐"。例如：

昨日子谈个㸐桩事体侬考虑过了哦？　手套就摆了窗台㸐搭。

"哀"或者"伊"往往只用在对称时。例如：

㸐个人我是勿欢喜个，伊个嘛还可以。

专用词语"㸐搭"表示近指，"哀面"或"伊面"表示远指。"哀搭"或"伊搭"在单称时和"㸐搭"相同。例如：

㸐眼簿子就摆了伊㸐搭。　　㸐眼簿子就摆了伊哀搭。
侬㸐搭有人哦？　　　　　　侬哀搭有人哦？

在近处对称时，"哀搭"是"㸐搭"的区别词。例如：

我困辣㸐搭，侬困辣哀搭。

"哀面""伊面"是与近指相对的远指，与"伊面"对称的角度就

用"辣面"。例如:

侬朝远看,辣面是一爿饭店,哀面是一家银行。

(3) 上海话熟语解释

a) 一只袜统管(yi_k za_k ma_k tong g_安):穿一条裤子,比喻是一路货。

两个人一票里个货色,着一只袜统管个。
伊拉着一只袜筒管个呀!侬去搭伊讲做啥!

b) 开年礼拜九(k_哎 ni li ba ji_欧):指无望的日期(开玩笑用语)。

要我搭侬一道去啊?开年礼拜九哦!
辣桩事体要办成功啊?开年礼拜九哦!

c) 五斤吼六斤(ng jin h_欧 lo_k jin):争论时激烈而急迫的形象。

做啥要五斤吼六斤啊!有闲话慢慢叫讲好咪!
五斤吼六斤个样子,啥人要来睬侬!

d) 勿是生意经(va_k si sang yi jin):(a) 绝对做不到;(b) 简直不像话;(c) 不妙。

侬想溜走啦,勿是生意经!
侬弄得辣能样子,真勿是生意经!
快点走,立辣此地勿是生意经。

e) 半半六十日(b_安 b_安 lo_k sa_k ni_k):形容时间长(短时间该完成的用了较多的时间)。

我已经等了侬半半六十日了。
伊辣辣搭已经半半六十日了。

三、在公交车上

(一)

甲：辣部车子哪能 桩 事体①啊？介轧②个啦！
　　gak bu co zi na nen zang si ti　a ga gak gak la

乙：侬 乘过哦,天天挤来西③个,没一日天④
　　nong cen gu va ti ti gak l哎 xi gak mak yik nik ti

空过。
kong gu

丙：喔约,侬 踏⑤我做啥啦？
　　ok yo nong dak　ngo zu sa la

甲：对勿起,车子忒轧了。
　　d哎 vak qi co zi tak gak lak

丙：侬 勿好拉拉好个啊！啥人要侬对勿
　　nong vak h凹 la la h凹　ga　sa nin y凹 nong d哎 vak

起啦！
qi la

甲：介⑥碰勿起末应该乘差头⑦去。葛末⑧就
　　ga bang vak qi mak yin g哎 cen ca d欧　qi gak mak ji欧

写意⑨咪。
xia yi l哎

丙：哪能介孬⑩面孔⑪个啦,还要隁⑫辣我身
　　na nen ga vi凹 mi kong gak la 哎 y凹 g哎 lak ngo sen

浪 向⑬ 咪!
lang xiang l啞

甲：喔唷！自家去照照镜子看，介难看只面孔。
ok yo si ga qi z凹 z凹 jin zi k安 ga n啞 k安 zak mi kong

丙：哪能啦，侬啥个意思啊！
na nen la nong sa gak yi si a

甲：送拨⑭我也勿要，侬帮帮忙⑮噢。
song bak ngo ha vak y凹 nong bang bang mang 凹

乙：好咪，大家⑯侪谦让点，勿要讲咪。
h凹 l啞 da ga s啞 qi niang di vak y凹 gang l啞

丙：人家痛勿啦⑰！搿种人，碰得着个。
nin ga tong vak la gak zong nin bang dak sak gak

乙：侬勿要再讲咪，气量大眼，人家又勿是
nong vak y凹 z啞 gang l啞 qi liang du n啞 nin ga y欧 vak si

存心踏侬个。
sen xin da nong gak

注释：
①哪能桩事体：怎么回事。②轧：挤。③挤来西：A来西，非常A。常用的可代A的有：香、臭、热、冷、闹猛、开心、触气，等。④一日天：一天。⑤踏：踩。⑥介：这么。⑦差头：出租车。⑧葛末：那么。⑨写意：舒服。⑩嫑：不要的合音。⑪面孔：脸。⑫隑：倚靠。⑬浪向：方位词，相当于普通话的"上"。⑭拨：给。⑮帮帮忙：反话，表示不同意或请别人不要做某事。⑯人家：这里指我。⑰痛勿啦：A勿啦，很A。

(二)

甲：师傅,搿部车子是到火车站个哦?
si vu gak bu co zi si d凹 ho co s哎 gak va

司机：是个。侬到南广场还是北广场?
si gak nong d凹 n安 guang sang 哎 si bok guang sang

甲：到南广场去。
d凹 n安 guang sang qi

司机：对个。侬上来好了。
d哎 gak nong sang l哎 h凹 lak

甲：哦唷,搿个人好像要呕①了,大概晕车了。
ok yo gak gak nin h凹 xiang y凹 欧 lak da g哎 yun co lak

司机：阿里位②朋友帮帮忙③?位子让
ha li w哎 bang y欧 bang bang mang hu哎 zi niang

拨伊坐脱一歇④。
bak yi su tak yik xik

甲：哎,侬来三⑤哦?
哎 nong l哎 s哎 va

乙：我大包小包交关⑥,立⑦也立勿起来。
ngo du b凹 xi凹 b凹 ji凹 gu哎 lik ha lik vak qi l哎

甲：喂,搿只位子本来就是老弱病残个专
w哎 gak zak hu哎 zi ben l哎 ji欧 si l凹 sak bin s哎 gak z安

座嘛!
su ma

(有先生主动站起来让出座位)

病者:谢谢侬噢。
　　　xia xia nong 凹

甲:开开窗,透透空气,马上就会得好个。
　　k哎 k哎 cang t欧 t欧 kong qi mo sang ji欧 w哎 dak h凹 gak

注释:
　　① 呕:吐。② 阿里位:哪位。③ 帮帮忙:帮一下忙。④ 坐脱一歇:V脱一歇,V一会儿。⑤ 来三:行。⑥ 交关:非常多。⑦ 立:站。

1. 词语扩充

a) 交通工具(ji tong gong ju):大巴(da ba)、中巴、小巴、差头(ca d欧)、地铁(di tik)、火车(fu co)、卡(ka)车、货车、车厢(xiang)、集装(jik zang)箱、动(dong)车、高(g凹)铁、磁悬浮(si yu安 vu)、飞机(fiji)、机场(sang)、公(gong)交车(co)、自备(si b哎)车、小轿(ji凹)车、电动(di dong)车、三轮(s欧 len)车、脚踏(jiak dak)车、摩托(mok dak)车、手推(s欧 t哎)车、车站(s哎)、客运(kak yun)站、船码头(s安 mo d欧)。

b) 颜色词(ng哎 sak si):白(bak)颜色、月(yuek)白、米(mi)色、奶油(na y欧)色、浅灰(qi hu哎)、银(nin)灰、深(sen)灰、铁(tik)灰、黄(huang)、米黄、金(jin)黄、橘(juek)黄、咖啡(ka fi)色、红(hong)颜色、粉(fen)红、铁锈(xi欧)红、血牙(xuek nga)红、豆沙(d欧 so)色、紫(zi)颜色、天蓝(ti l哎)、宝石蓝(b凹 sak)、淡绿(d哎 lok)、墨(mak)绿、蛋青(d哎 qin)、咸菜(h哎 c哎)色、黑(hak)颜色。

2. 惯用语学习

厉害	无兴趣	后妈	好物拿出给人看	品质差
结棍	**懈门**	**晚娘**	**献宝**	**肮三**
jik gun	ga men	m哎 niang	xi b欧	ang s哎

下流	舒服	坍台	刚巧	热闹
下作	**写意**	**现世**	**齐巧**	**闹猛**
ho zok	xia yi	yi si	xi qi si	n凹 mang

用手段骗人	平均分配	惹人厌	倒霉	脑子灵活
掉枪花	**劈硬柴**	**讨惹厌**	**触霉头**	**头子活**
di凹 qiang ho	pik ngang sa	t凹 sa yi	cok m欸 d欧	d欸 zi huak

随便混混	不明事理	非常麻烦	动作迟钝	行为轻佻
淘糨糊	**拎勿清**	**烦头四**	**木角角**	**鲜格格**
d凹 jiang hu	lin vak qin	v欸 d欧 si	mok gok gok	xi gak gak

3. 侬晓得哦

（1）上海话的代词(三)(括号里为普通话词语)

啥 sa	（什么）	啥人 sa nin	（谁）
阿里 ha li	（哪里）	阿里个 haliga_k	（哪个）
阿里搭 ha li da_k	（哪里）	几时 ji si	（何时）
几化 ji ho	（多少）	哪能 na nen	（怎么）
哪能介 na nen ga	（怎样）	啥辰光 sa senguang	（何时）
做啥 zusa	（干什么）	为啥 hu欸 sa	（为什么）

a) 啥：什么。例如：

今朝有得交关人来，阿拉去买点啥物事哦？
侬讲到啥地方去买，啥辰光去买啊？

b) 阿里个：哪一个。阿里搭：哪里。例如：

陆丹是阿里个？老白辣阿里搭？

c) 几化：多少。例如：

今朝来了几化人？老闹猛个嘛！
一共开了几化房间？几化铜钿一间个啊？

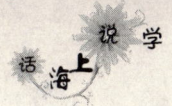

d) 哪能介：怎么，怎么样。例如：

侬讲哪能介白相？阿拉侪听侬个。

侬想哪能介！要打相打啊？来好咪，我勿怕个。

(2) 上海话熟语解释

a) 耳朵打八折(ni du dang ba_k za_k)：怪对方没有听清自己的话。

甲：侬再讲一遍好哦？　乙：侬耳朵打八折啦！

我讲了半半六十日，伊耳朵打八折，没听见。

b) 吃饱生米饭(qi_k b凹 sang mi v哎)：指责人说话态度生硬恶劣。

搿个人今朝吃饱生米饭了，介凶个。

侬做啥啦！吃饱生米饭啦！

c) 钉头碰铁头(din d欧 bang ti_k d欧)：硬碰硬。

今朝搿两个人是钉头碰铁头了。

钉头碰着铁头，啥人也勿肯让。

d) 两头勿着港(liang d欧 va_k s_a_k gang)：两边都没有得到预料可以有的好处。

倒霉，搿桩事体做得两头勿着港。

先顾一头好哦？勿要弄到最后两头勿着港。

e) 陈年宿古董(sen ni so_k gu dong)：比喻很陈旧的东西。

好咪！陈年宿古董个事体勿要再拿出来讲咪！

陈年宿古董个事体常庄拿出来讲讲做啥啦！

四、聊天(1)

(一)

甲：小 毛 拉 囡 儿 要 结 婚 了,请 阿 拉 去 吃 喜 酒。
　　xi凹 m凹 la n安 ng y凹 jik hun lak qin ak lak qi qik xi ji欧

乙：喔 唷,钞 票 又 要 往 外 头 掼①了。要 送 几
　　ok yok c凹 pi凹 y欧 y凹 mang nga d欧 gu哎 lak y凹 song ji

　　钿②啊?
　　di a

甲：起 码 八 张 分③要 送 个。
　　qi mo bak zang fen y凹 song gak

乙：乃④从 明 朝 开 始,阿 拉 天 天 吃 泡 饭 哦!
　　n哎 song min z凹 k哎 si ak lak ti ti qik p凹 v哎 va

甲：搿 是 人 情 钿,吙 没 办 法 个 呀。
　　gak si nin xin di m mak b哎 fak gak ya

乙：侬 总 归⑤是 打 肿 面 孔 充 胖 子 好 咪!
　　nong zong gu哎 si dang zong mi kong cong pang zi h凹 l哎

注释：
① 掼：丢。② 几钿：多少钱。③ 八张分：八百块。一张 100 人民币叫一张分。④ 乃：这下。⑤ 总归：总是。

(二)

甲：我 想 来 想 去 搿 桩 事 体 还 是 要 搭 侬
　　ngo xiang l哎 xiang qi gak zang si ti 哎 si y凹 dak nong

90

讲个。
gang gak

乙：啥个事体啦，侬讲好唻。
sa gak si ti la nong gang h凹 l哎

甲：侬现在是邪气忙，不过再忙末卫生
nong yi s哎 si xia qi mang bak gu z哎 mang mak hu哎 sen

也是要注意个。
ha si y凹 zi yi gak

乙：侬啥个意思啊？讲讲清爽①好哦？
nong sa gak yi si a gang gang qin sang h凹 va

甲：侬大概好几天没汰脚②了哦，袜子臭得
nong da g哎 h凹 ji ti mak da jiak lak va mak zi c欧 dak

来③一塌糊涂④。
l哎 yik ta hu du

乙：噢，大概是个，回来就想睏觉，勿想
凹 da g哎 si gak hu哎 l哎 ji欧 xiang kun g凹 vak xiang

动了。
dong lak

甲：侬个人邋遢头势⑤啊，交关辰光⑥勿汰
nong gak nin lak tak d欧 si a ji凹 gu安 sen guang vak da

浴⑦了哦？
yok lak va

乙：对个，对勿起。我下趟一定注意。
d哎 gak d哎 vak qi ngo ho tang yik din zi yi

甲：我看侬噢,懒是懒得来要死。
　　ngo k安 nong 凹 l哎 si l哎 dak l哎 y凹 xi

乙：啥地方懒了啦?
　　sa di fang l哎 lak la

甲：早浪向爬起来被头⑧也勿摊个。
　　z凹 lang xiang bo qi l哎 bi d欧 ha vak t哎 gak

乙：夜里回来还要瞌个呀。
　　ya li hu哎 l哎 哎 y凹 kun gak ya

甲：是个呀,夜里钻钻进,日里钻钻出。
　　si gak ya ya li z安 z安 jin nik li z安 z安 cak

乙：咸⑨,像只猪猡⑩,乃好了哦?
　　h哎 xiang zak zi lu n哎 h凹 lak va

注释：
　　①清爽：清楚。②汏脚：洗脚。③臭得来：A得来,非常A。常用的可代A的有：好、坏、冷、热、香、臭、聪明、戆、闹猛、开心、触气,推板等。④一塌糊涂：A的最高级。常用的有：香、臭、好、坏、冷、热、开心、触气,推板、聪明、戆、闹猛等。⑤邋遢头势：A头势,非常A。常用的可代A的有：香、臭、好、坏、冷、热、开心、触气,推板、聪明、戆、闹猛等。⑥辰光：时间。⑦汏浴：洗澡。⑧被头：被子。⑨咸：表示同意。⑩猪猡：猪。

（三）

甲：哎,伊拉屋里向最近买了只钢琴哎。
　　哎 yi la ok li xiang z安 jin ma lak zak gang jin 哎

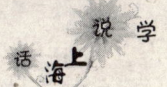

乙：戆得勿得了①，介②戆个人也学钢琴，搞
　　gang dak vak dak li　ga　gang gak nin ha hok gang jin g
　　啥 脚 劲③啊！
　　sa jiak jin　a

甲：人家老公认为伊蛮来三个噢！
　　nin ga l gong nin hu yi m l s g

乙：帮 帮 忙 噢，嗲勿煞伊④哎！
　　bang bang mang dia vak sak yi l

甲：我看啊，辩个男人作孽煞了⑤。
　　ngo k a gak gak n nin zok nik sak lak

乙：为啥啦？
　　hu sa la

甲：钞票全部拨家主婆⑥捏辣手里，一点自由
　　c pi xi bu bak ga zi bu nik lak s li yik di si y
　　也没个。
　　ha mak gak

注释：
①戆得勿得了：A得勿得了，非常A。常用的可代A的有：香、臭、好、坏、冷、热、开心、触气、推板、聪明、戆、闹猛等。②介：这么。③搞啥脚劲：胡搞些什么。④嗲勿煞伊：表示反感、讨厌。⑤作孽煞了：非常可怜。⑥家主婆：老婆。

1. 词语扩充

蔬菜(suc)：芹(jin)菜、青菜(qin c)、菜结(ji)、小白(xi
bak)菜、鸡毛(ji m)菜、生(sang)菜、菠(bu)菜、荠(ji)菜、花(ho

菜、韭(ji欧)菜、卷心(ju安 xin)菜、黄芽(huang nga)菜、咸(h哎)菜、山芋(s哎 yu)、洋(yang)山芋、老卜(l凹 bok)、胡(hu)老卜、刀豆(d凹 d欧)、毛(m凹)豆、长豇豆(sang gang)、豆苗(mi凹)、黄(huang)豆芽(nga)、绿(lok)豆芽、辣椒(lak ji凹)、青(qin)椒、甜(di)椒、芋艿(yu na)、芋头(d欧)、落苏(lo ksu)、番茄(f哎 ga)、冬瓜(dong go)、丝(si)瓜、南(n安)瓜、苦(ku)瓜、黄(huang)瓜、夜开花(ya k哎 ho)、马兰头(mo l哎 d欧)、枸杞(g欧 qi)头、慈姑(si gu)、竹笋(zok sen)、毛笋、冬笋、水笋、香莴(xiang wu)笋、芦(lu)笋、米苋(mi xi)、茭白(g凹 bak)、草头(c凹 d欧)、葱(cong)、洋葱、生姜(jiang)、大蒜(da s安)、大蒜(da s安)头、豆腐(d欧 vu)、臭(c欧)豆腐、豆腐干(g安)、百页(bak yik)、厚(h欧)百页、烤麸(k凹 fu)、素鸡(su ji)、面筋(mi jin)、油面筋(y欧 mi jin)、粉皮(fen bi)。

2. 惯用语学习

暖和	凉快	厉害	商店关门	外貌
暖热	**风凉**	**结棍**	**打烊**	**卖相**
n安 nik	fong liang	jik gun	dang yang	ma xiang

不大方	稳妥	男性漂亮	贴心	感到棘手
寒酸	**保险**	**奶油**	**贴肉**	**头大**
h安 s安	b凹 xi	na y欧	tik niok	d欧 du

敲诈	鉴貌辨色	找乐	拣剩的东西	事做一半撒手
敲竹杠	**轧苗头**	**寻开心**	**落脚货**	**拆烂污**
k凹 zok gang	gak mi d欧	xin k哎 xin	lok jiak hu	cak l哎 wu

侃大山	比喻加强管理	吹牛	数落不是	傻乎乎
茄山河	**收骨头**	**吹牛皮**	**牵头皮**	**戆搭搭**
ga s哎 hu	s欧 gok d欧	ci ni欧 bi	qi d欧 bi	gang dak dak

3. 侬晓得哦

(1) 量词"只"

"只"是上海话里使用频率最高使用范围最为广泛的量词,含义较为空泛,普通话里用"个"的地方,上海话常用"只"。比如"头、橱、井、马、狗、牛、缸、灯、瓶、床、碗、船、菜、箱子、杯子、篮头、电话、馒头、面孔、电视机、飞机、饭店、学堂、电影、工作、钢琴、别针、班级、节目……"等名词前常用"只"。

现在,"只"的使用范围还在扩大,还可以用在一些抽象名词前,例如"任务、指标、国家、新闻"等。

"只"还能代"种",表示一个类。例如:

搿只菜味道邪气好。　　搿只牌子是名牌。

还有个含有贬义的"只"大家千万不能忽略。例如:

搿只老太婆　两只老头子　一只戆大(傻瓜)　一只小贼
搿只男人　　搿只赤佬　　搿只中性　　　　搿只狐狸精
搿只女人介难看个番斯,看了隔夜饭也要呕出来个。(番斯:英语 face 的音译,脸。)

(2) 上海话熟语解释

a) 板板六十四(b哎 b哎 lok sak si):非常死板,不知变通。

搿个人做随便啥个事体侪板板六十四。
做事体要头子活络,勿好板板六十四个。

b) 拆穿西洋镜(cak c安 xi yang jin):揭穿真相。

伊想瞒牢我勿讲真闲话,乃拆穿西洋镜了哦!
讲假闲话要编编好,勿好拨人家拆穿西洋镜个。

c) 乖乖弄底冬(gu哎 gu哎 long di dong):表示吃惊时发感叹。

伊拿着十万块啊!乖乖弄底冬!
乖乖弄底冬!三日三夜没睏觉啊?侬辣做啥?

d) 贪心吃白粥(t安 xin qik bak zok):贪心没有好的结局。

叫侬拿好五万块末就好了,勿肯,乃贪心吃白粥哦!一分也没了。

人勿好太贪个。贪心吃白粥晓得哦!

e) 空口说白话(kong k欧 sak bak ho):信口开河。

讲到就要做到,哪能可以空口说白话!

侬哪能可以瞎讲个啦!空口说白话,讲到阿里是阿里啊!

五、有关衣物

(一)

甲：搿 件 风 衣 哪 能 介 卖 啊？
　　gak ji fong yi na nen ga ma a

乙：搿 件 啊，两 百 八 十 块 拨 侬，好 哦？
　　gak ji a liang bak bak sak ku 哎 bak nong h凹 va

甲：介 贵 个 啊？
　　ga ju gak a

乙：已 经 打 对 折 唻！侬 看，面 料 介 好，挺 刮①
　　yi jin dang d哎 zak l哎 nong k安 mi li凹 ga h凹 tin guak

　　哦？勿 要 烫 个 咸。
　　va vak y凹 tang g哎

注释：
　　① 挺刮：硬而平整。

(二)

甲：搿 件 羊 毛 衫 式 样 勿 错 个，还 有 啥 个 颜
　　gak ji yang m凹 s哎 sak yang vak co gak 哎 y欧 sa gak ng哎

　　色 哦？
　　sak va

乙：颜 色 侬 自 家 看，介 许 多 喏，侪 辣 搿 搭 了。
　　ng哎 sak nong si ga k安 ga xi du n凹 s哎 lak gak dak lak

甲：我要辣件紫颜色个。
　　ngo y凹 gak ji zi ng哎 sak gak

乙：恩，我看侬穿紫颜色老好看个。
　　en ngo k安 nong c安 zi ng哎 sak l凹 h凹 k安 gak

(三)
甲：辣条牛仔裤样子老好个，侬着着看
　　gak di凹 ni欧 z哎 ku yang zi l凹 h凹 gak nong zak zak k哎

　　哎，勿买勿要紧个。
　　n凹 vak ma vak y凹 jin gak

乙：辣只颜色忒深了，我勿欢喜。
　　gak zak ng哎 sak tak sen lak ngo vak h安 xi

甲：也有淡眼个，哎，辣只可以哦？试试看嘛。
　　ha y欧 d哎 ng哎 gak n凹 gak zak ku yi va si si k安 ma

乙：忒长了，腰身也忒大了。
　　tak sang lak y凹 sen ha tak du lak

(四)
甲：喔唷，侬今朝着了件新衣裳嘛。
　　ok yok nong jin z凹 zak lak ji xin yi sang ma

乙：咸，是个呀，侬讲好看哦？
　　h哎 si gak ya nong gang h凹 k安 va

甲：老好看个欧，几钿啊？
　　l凹 h凹 k安 g欧 ji di a

98

乙：糨①来西个，五十八块洋钿。阿拉末只
　　jiang l哎 xi gak ng sak bak ku哎 yang di ak lak mak zak

　　好揢揢②便宜货呀。
　　h凹 tak tak bi ni hu ya

甲：好咪，我又勿来问③侬借钞票。哎，啥地
　　h凹 l哎 ngo y欧 vak l哎 men nong jia c凹 pi凹 哎 sa di

　　方买个啦？
　　fang ma gak la

乙：侬欢喜啊，葛末就送拨侬好咪。
　　nong h安 xi a gak mak ji欧 song bak nong h凹 l哎

甲：葛哪能可以啦，我像煞④辣辣问侬讨
　　gak na nen ku yi la ngo xiang sak lak lak men nong t凹

　　物事咪。
　　mak si l哎

乙：没关系个，辣我娘家附近，老远个。我
　　mak gu哎 xi gak lak ngo niang ga vu jin l凹 yu安 gak ngo

　　下趟去再买好咪。
　　ho tang qi z哎 ma h凹 l哎

甲：葛末，衣裳我要个，钞票一定要拨
　　gak mak yi sang ngo y凹 gak c凹 pi凹 yik din y凹 bak

　　侬个。
　　nong gak

注释：
　　①糨：便宜。②揢：占、取。③问：向。④像煞：好像。

99

(五)

甲：天老冷个哎，我去买件羽绒衫。
　　ti lɑng lang g哎 ngo qi ma ji yu niong s哎

乙：勿要买夹克衫式样个噢①，忒短了勿暖
　　vak y凹 ma jia kak s哎 sak yang g　　tak d安 lak vak n安

热②个。
nik　gak

甲：侬讲买啥式样个啊③？
　　nong gang ma sa sak yang ga

乙：长一眼，最好末拿脚馒头④也包牢⑤个，
　　sang yik ng哎 z安 h凹 mak n哎 jiak m安 d欧 ha b凹 l凹 gak

葛就勿冷咪。
gak ji欧 vak, lang l哎

注释：
① 个噢：表示提醒的语气。② 暖热：暖和。③ 个啊：的呢。④ 脚馒头：膝盖。⑤ 包牢：包住。

1. 词语扩充

料作(li凹 zok)、面子(mi zi)、夹里(gak li)、羊毛(yang m凹)衫、羊绒(niong)衫、绒线(niong xi)衫、羽绒(yu niong)衫、棉袄(mi凹)、棉毛衫裤(ku)、长(sang)裤、短(d安)裤、三角(s哎 gok)裤、领头(lin d欧)、袖子管(xi欧 zi g安)、长(sang)袖子、短(d安)袖子、门襟(men jin)、下摆(ho ba)、裙(jun)子、连衫(li s哎)裙、喇叭(la ba)裙、外套(nga t凹)、旗袍(ji b凹)、大衣(da yi)、风(fong)衣、披(pi)风、汗衫(h安 s哎)、背心(b哎 xin)、胸罩(xiong z凹)、袜(mak)子、手套(s欧 t凹)、耳朵(ni du)套、帽(m凹)子、纽(ni欧)子、围巾(yu jin)、围涎(d㕷)、口罩(k欧 z凹)、眼镜(ng㕷 jin)、太阳(ta yang)眼镜、老光(l凹 guang)眼镜、眼镜壳子(kok zi)。

2. 惯用语学习

时髦	挣外快	脏	不整洁	后悔
懂经	**扒分**	**龌龊**	**邋遢**	**懊劳**
dong jin	bo fen	ok cok	lak tak	凹 l凹

犯傻	事情败露	装傻	搬家	理亏而不做声
发痴	**豁边**	**装戆**	**搬场**	**吃瘪**
fak ci	huak bi	zang gang	b安 sang	qik bik

坍台	很满	混日子	站墙角	找茬
退招势	**拍拍满**	**混日脚**	**立壁角**	**捉扳头**
t㕷 z凹 si	pak pak m安	hun nik jiak	lik bik gok	zok b㕷 d欧

找茬	暗示做某事	不感兴趣	接吻	徒然
寻后势	**豁翎子**	**茄门相**	**香嘴巴**	**白白里**
xin h欧 si	huak lin zi	ga men xiang	xiang zi bo	bak bak li

3. 侬晓得哦

(1) 一××

表示少许的意思。比如"一眼眼、一滴滴、一点点、一歇歇、一微微、一沰沰、一口口",等等。例如:

a) 一眼眼

侬拿介一眼眼物事来,葛拨啥人吃啊?

我好像有一眼眼感冒了。

b) 一滴滴

雨只有落了一滴滴就勿落了,老勿适意个。

倒了介一滴滴开水啊,一口就没了。

c) 一点点

只要买一点点表表心意就可以咪。
辣个物事我只有一点点,伊多交关。

d) 一歇歇:形容时间短

一歇歇哭,一歇歇笑,真是好白相。
侬等等伊,伊一歇歇就来了。

e) 一微微

强调人小或字小,用"微微"很形象,"微"读"mi",声母为 m,这是上海话中保留的古音。

一微微大个字,我看勿清爽。
人小得来一微微,邪气聪明。

f) 一沰沰

微微一沰沰个人,枪花倒老会调个。(调枪花:用语言或手段骗人。)
介小气个,问侬讨眼物事只拨我一沰沰。

g) 一口口

侬饭只吃一口口,肚皮一歇歇就要饿了!
一口口饭侬拨啥人吃啊!

(2) 两

普通话用"二"的地方,上海话大多说"两"。比如:

伊是教两年级两班数学个。
我住辣两百弄廿号两零两室。

注意:上海话"二"口语音读做"ni",和"泥"同音。读书音读成"er"。"二十",文读作"er sak",白读作"廿(ni 哎)"。"十二、二十二、三十二、四十二……",在个位数上的"二"都念"ni"。

(3) 上海话熟语解释

a) 拼死吃河豚(pin xi qi_k hu_ den)：(a) 孤注一掷；(b) 为了冒险不惜生命。

我挢趄是拼死吃河豚,搏一记了。
侬要想想好,勿可以拼死吃河豚个。

b) 省个一百省(sang ga_k yi_k ba_k sang)：算了,省点事吧。

侬想去求伊啊？省个一百省哦！
挢桩事体侬还想去做啊？省个一百省哦！

c) 狮子大开口(si zi du_k k哎 k欧)：(a) 说大话；(b) 要求高,胃口大。

要伊帮侬去做挢桩事体啊？伊要狮子大开口个,侬吃得消哦？
勿要叫伊去做,伊会得狮子大开口个。

d) 烂糊三鲜汤(l哎 hu s哎 xi tang)：做事胡来,搞得乱七八糟。

挢个人做事体烂糊三鲜汤,勿好叫伊做个。
伊做得来烂糊三鲜汤,乃末侬再去搭伊收作哦！

e) 捏鼻头做梦(ni_k bi_k d欧 zu mang)：做白日梦。

伊会得来看侬？侬捏鼻头做梦哦！
甲：伊拉娘舅拨辣伊交关钞票。　　乙：伊拉娘舅？捏鼻头做梦哦！

六、付各种费用

（一）

甲：搿个号头电费侬付脱了哦？
　　gak gak h凹 d欧 di fi nong fu tak lak va

乙：付脱了呀，做啥啦？
　　fu tak lak ya zu sa la

甲：怕侬忘记脱，哎，几钿啊？
　　po nong mang ji tak 哎 ji di a

乙：空调天天开辣海，侬讲要几钿啊？
　　kong di凹 ti ti k哎 lak h哎 nong gang y凹 ji di a

甲：三百块末最多咪！
　　s哎 bak ku哎 mak z安 du l哎

乙：三百块？侬帮帮忙噢，四百八十
　　s哎 bak ku哎 nong bang bang mang 凹 si bak bak sak

　　块咪！
　　ku哎 l哎

甲：介许多啊！下个号头阿拉要节约一眼咪。
　　ga xi du a ho gak h凹 d欧 ak lak y凹 jik yak yik ng哎 l哎

乙：是个呀，应该少开眼空调。
　　si gak ya yin g哎 s凹 k哎 ng哎 kong di凹

甲：对 个 呀，侬 肯 哦？
　　d哎 gak ya nong ken va

(二)

甲：哪 能 电 话 费 介 许 多 啦？要 五 百 四 十 块 啊！
　　na nen di ho fi ga xi du la y凹 ng bak si sak ku哎 a

乙：侬 打 过 好 几 只 国 际 长 途 哚，哪 能 勿
　　nong dang gu h凹 ji zak gok ji sang du l哎 na nen vak

　　要 啦。
　　y凹 la

甲：水 费 掰 个 号 头 是 多 少 啊？
　　si fi gak gak h凹 d欧 si du s凹 a

乙：水 费 也 要 一 百 多 块 哚。
　　si fi ha y凹 yik bak du ku哎 l哎

甲：哪 能 会 得 介 许 多 个 啦？
　　na nen w哎 dak ga xi du gak la

乙：水 用 得 忒 多 哚，揩 面、汏 脚 侪 要 用 两 盆
　　si yong dak tak du l哎 ka mi da jiak s哎 y凹 yong liang ben

　　水 个 呀！
　　si gak ya

甲：葛 也 用 勿 脱 介 许 多 个 呀！
　　gak ha yong vak tak ga xi du gak ya

乙：天 天 汏 浴 要 用 水 哦？刷 牙 齿 又 勿 肯 关
　　ti ti da yok y凹 yong si va sak nga ci y欧 vak ken gu哎

105

关 龙 头 个。
gu哎 long d欧 gak

甲：唔，以 后 要 控 制 点，否 则 钞 票 侪 用
　　m yi h欧 y凹 kong zi di f欧 zak c凹 pi凹 s哎 yong

光 了。
guang lak

(三)

[在超市里]

甲：请 问 侬"新 奇 乐"饮 料 摆 了 啥 地 方 啊？
　　qin men nong xin ji lok yin li凹 ba lak sa di fang a

乙：侪 卖 光 了，现 在 辣 辣 进 货，侬 明 朝 再 来
　　s哎 ma guang lak yi s哎 lak lak jin fu nong min z凹 z哎 l哎

看 看 看 好 哞。
k安 k安 k安 h凹 l哎

甲：是 哦，介 好 卖 啊？为 啥？
　　si va ga h ma a hu哎 sa

乙：味 道 好 呀，小 人 侪 老 欢 喜 吃 个。
　　mi d凹 h ya xi nin s凹 l凹 h安 xi qik gak

甲：噢！怪 勿 得，小 家 伙 一 天 到 夜 吵 了 要 吃。
　　凹 gua vak dak xi凹 jia fu yik ti d凹 ya c凹 lak y凹 qik

[在超市的出口处]

甲：一 共 几 钿 啊？
　　yik gong ji di a

乙：三十八块 两角。收五十块，找侬十一
　　s哎 sak bak ku哎 liang gok　s欧 ng sak ku哎　z凹 nong sak yik

块 八 角。
ku哎 bak gok

1. 词语扩充

苹果(bin gu)、芒(mang)果、草莓(c凹 m哎)、桃(d凹)子、猕猴(mi h欧)桃、香蕉(xiang ji凹)、生梨(sang li)、文旦(ven d哎)、甜橙(di sen)、橘子(juek zi)、芦柑(lu g安)、火龙果(hu long gu)、榴梿(li欧 li)、葡萄(bu d凹)、葡萄干(g安)、菠萝(bu lu)、西瓜(xi go)、哈密(ha mik)瓜、木(mok)瓜、枇杷(bik bo)、龙眼(long ng)、石榴(sak li欧)、麻荔(mo lik)子、李子(li zi)、柿(si)子、杨梅(yang m哎)、橄榄(g哎 l哎)、甘蔗(g安 zo)、地梨(di li)、栗(lik)子、莲心(li xin)、枣(z凹)子、山药(s哎 yak)、百合(bak hak)、桂圆(gu哎 yu安)、大蒲桃(bu d凹)、小蒲桃。

2. 惯用语学习

棘手	懒惰	急躁	很仔细	知趣
辣手	**懒扑**	**猴极**	**把细**	**识相**
lak s欧	l哎 pok	h欧 jik	bo xi	sak xiang

嘴馋	穿着不整洁	生气	捉弄	不讲理
馋痨	**乌苏**	**光火**	**弄松**	**猛门**
s哎 l凹	wu su	guang fu	long song	ma men

闯大祸	较劲	谩骂	打架	得到以外之财
闯穷祸	**别苗头**	**骂山门**	**打相打**	**出外快**
cang jiong hu	bik mi 凹 欧	mo s哎 men	dang xiang dang	cak nga kua

找话说	好色的样子	背后说人坏话	傻了	半斤八两
搭讪头	**色迷迷**	**戳壁脚**	**戆脱了**	**脚碰脚**
dak s哎 d欧	sak mi mi	cok bik jiak	gang tak lak	jiak bang jiak

3. 侬晓得哦

(1) 上海话方位词(一)

	面	头	以	朝	向
上	上面	上头	以上	朝上	浪向
下	下面	下头	以下	朝下	
前	前面	前头	以前	朝前	
后	后面	后头	以后	朝后	
左	左面				
右	右面				
里	里面	里头		朝里	里向
外	外面	外头	以外	朝外	
东	东面	东头	以东	朝东	东向
南	南面	南头	以南	朝南	
西	西面	西头	以西	朝西	西向
北	北面	北头	以北	朝北	

下面举例:

外头老冷个,侬到里向来,里向暖热。

上头人家老是拿物事掼下来,住辣下头真叫触霉头。

阿拉屋里辣俉屋里个东面,伊拉是辣辣西面个。

侬看,左面是书房,右面是卧室,外头有只阳台个。

(2) 上海话熟语解释

a) 悬空八只脚(yu安 kong bak zak jiak):离得很远。

搿种悬空八只脚个事体慢叫再讲。

伊个婚事啊?悬空八只脚咪。

b) 乌搞百叶结(wu g凹 bak yik jik):乱搞,纠缠不清。

搿个人辣搭我乌搞百叶结。

侬勿要来乌搞百叶结好哦?

c) 脚跷黄天宝(jia_k qi_凹 huang ti b_凹)：架着腿悠然自得的样子。

人家忙煞死,侬辣搿搭脚跷黄天宝。

我辣搿搭做煞了,阿拉位先生辣伊面脚跷黄天宝。

d) 脚踏两头船(jia_k da_k liang d_欧 s_安)：在两方中动摇或周旋而不作出明确的判断。

谈朋友要选好,勿要脚踏两头船。

侬勿要再脚踏两头船咪,快点选一个。

e) 像煞有介事(xiang sa_k y_欧 ga si)：(a) 煞有介事；(b) 摆足架子。

搿桩事体伊做勿好个呀,像煞有介事辣伊面做。

又没人睬侬个咾！像煞有介事做啥啊！

七、吃 饭

(一)

甲：中 浪① 侬 吃 点 啥 物 事 啊？
　　zong lang nong qik di sa mak si a

乙：糖 醋 小 排,蛮 好 吃 个。侬 呢？
　　dang cu xi凹 ba m凹 h凹 qik gak nong n哎

甲：我 吃 番 茄 炒 蛋,还 有 油 豆 腐 细 粉② 汤。
　　ngo qik f哎 ga c凹 d哎 哎 y欧 y欧 d欧 vu xi fen tang

乙：阿 拉 今 朝 夜 里 吃 啥 物 事 啊？
　　ak lak jin z凹 ya li qik sa mak si a

甲：侬 讲,随 便 侬,我 侪 可 以 个。
　　nong gang s安 bi nong ngo s哎 ku yi gak

乙：荠 菜 豆 腐 肉 丝 羹 好 哦？
　　xi c哎 d欧 vu niok si gang h凹 va

甲：好 个 呀,再 去 买 眼 香 菇、黑 木 耳,金 针
　　h凹 gak ya z哎 qi ma ng哎 xiang gu hak mok er jin zen

菜 来。
c哎 l哎

乙：搿 个 烧 啥？
　　gak gak s凹 sa

甲：摆了烤麸里 向 一道烧呀。
　　ba lak k凹 fu li xiang yik d凹 s凹 ya

注释：
　　① 中浪(向)：中午。② 细粉：粉丝。

(二)

甲：哎,俺搿搭有眼啥个特色菜啊？
　　哎 na gak dak y欧 ng哎 sa gak dak sak c哎 a

服务员：搿搭是本帮菜。俺生煸草头①要
　　　　gak dak si ben bang c哎 na sang bi c凹 d欧 y凹

　　　　吃哦？
　　　　qik va

甲：好个。还要油酱毛蟹,摆②点年糕一道烧。
　　h凹 gak 哎 y凹 y欧 jiang m凹 ha ba di ni g凹 yik d凹 s凹

服务员：好个,蛤蜊鲫鱼汤老鲜个咸,试试看
　　　　h凹 gak gak li jik ng tang l凹 xi g哎 si si k安

　　　　好哦？
　　　　h凹 va

乙：可以个。我要条清蒸鳜鱼,淡一眼,少许
　　ku yi gak ngo y凹 di qin zen gu哎 ng d哎 yik ng哎 s凹 xu

　　摆点糖。
　　ba di dang

甲：我欢喜吃响油鳝丝,搿搭有哦？
　　ngo h安 xi qik xiang y欧 s安 si gak dak y欧 va

服务员：有 个。点 心 吃 点 啥？
　　　　y欧 gak di xin qik di sa

乙：我 要 酒 酿 圆 子。
　　ngo y凹 ji欧 niang yu安 zi

甲：我 要 老 卜③ 丝 饼，南 瓜 饼 也 可 以。
　　ngo y凹 l凹 bok si bin n安 go bin ha ku yi

乙：要 小 笼 馒 头④ 好 唻，有 蟹 粉 小 笼 个。
　　y凹 xi凹 long m安 d欧 h l哎 y欧 ha fen xi凹 long gak

甲：对 了，阿 拉 吃 咸 泡 饭⑤ 好 唻，老 好 吃 个 咸！
　　d哎 lak ak lak qik h哎 p凹 v哎 h凹 l哎 l凹 h qik g哎

乙：今 朝 我 来 请 客，我 埋 单。
　　jin z凹 ngo l哎 qin kak ngo ma d哎

甲：我 看，阿 拉 ＡＡ 制 好 唻。
　　ngo k安 ak lak 哎哎 zi h凹 l哎

乙：啊？劈 硬 柴⑥ 啊？戆 哦？
　　a pik ngang sa a gang va

甲：没 关 系 个，自 家 人，用 勿 着 客 气 得 个。
　　mak gu哎 yi gak si ga nin yong vak sak kak qi dak gak

乙：好 个，葛 就 挎 能 决 定 了。
　　h凹 gak gak ji欧 gak nen juek din lak

112

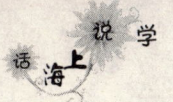

注释:

① 草头: 苜蓿的嫩叶。② 摆: 放。③ 老卜: 萝卜。④ 馒头: 凡普通话称为馒头或包子的上海话都叫馒头。⑤ 咸泡饭: 泡饭是用开水把冷饭烧滚后马上熄火,是上海人喜爱的早上或晚上吃的主食;咸泡饭则是把剩菜放进去一起煮的泡饭。⑥ 劈硬柴: 费用大家均分。

1. 词语扩充

天然气(ti s安 qi)、煤(m哎)气、热水器(nik si qi)、热水瓶(bin)、脱排油烟机(tak ba y欧 yi ji)、冰箱(bin xiang)、洗衣机(xi yi ji)、煤气灶(m哎 qi z凹)、米技炉(mi ji lu)、电磁(di si)炉、微波炉(vi bu lu)、电饭煲(v哎 b凹)、砂锅(so gu)、焖烧(men s哎)锅、火(fu)锅、咖啡壶(ka fi hu)、茶(so)壶、铜吊(dong di凹)、盆(ben)子、碟(dik)子、筷(kua)子、调羹(di凹 gang)、汤碗(tang安)、汤勺(sok)、饭(v哎)碗、饭抄(c凹)、镬(huak)子、铁(tik)镬子、菜刀(c哎 d凹)、剪(ji)刀、刨(b凹)子。

首饰(s凹 sak)、戒指(ga zi)、钻(z安)戒、宝石(b哎 sak)、金耳环(jin er gu哎)、银镯头(nin sok d欧)、项链(hang li)、珍珠(zen zi)、锁片(su pi)、别针(bik zen)、胸针(xiong)、胭脂(yi zi)、嘴唇膏(zi sen g凹)、香水(xiang si)、隔离霜(gak li sang)、护手(hu s欧)霜。

2. 惯用语学习

露馅	十分精明	过分表现	不正经的样子	昏头
穿帮	**精乖**	**做作**	**贼腔**	**热昏**
c安 bang	jin gua	zu zok	sak qiang	nik hun
落空	很有实力	懂行的样子	上台面	懂行
脱空	**杀搏**	**老奎**	**出趟**	**老鬼**
tak kong	sak bok	l凹 ku哎	cak tang	l凹 ju
摆架子	站着不动	形容非常硬	做事不负责	吃得开
搭架子	**插蜡烛**	**绷绷硬**	**拆烂污**	**兜得转**
dak ga zi	cak lak zok	bang bang ngang	cak l哎 wu	d欧 dak z安

113

不行	敲竹杠	碍手碍脚	能帮上忙	开导
勿来事	**敲竹杠**	**讨手脚**	**替手脚**	**汏脑子**
vak l哎 si	k凹 zok gang	t凹 s欧 jiak	ti s欧 jiak	da n凹 zi

3. 侬晓得哦

(1) 上海话的方位词(二)(括号里为普通话)

对过	（对面）	斜对过	（斜对面）
半当中	（中间）	横垛里(当中横里)	（横向里,半中间）
面前	（眼前）	旁边	（旁边）
当中	（中间）	边浪	（边上）
背后头	（背后）	门前头	（前面）
正面	（前面）	反面(不说背面)	（背面）
旁边头	（旁边）	横里向	（横向里）
贴隔壁	（紧邻）	此地块	（这里）

下面举例：

伊闲话讲到一半,侬半当中勿要插嘴巴。

阿拉住辣伊拉贴隔壁,伊拉打只喷嚏阿拉也听得清清爽爽。

伊拉屋里门前头有条小河浜,阿拉常庄去摸螺蛳个。

伊辣背后头勿晓得讲了我多少坏闲话,睬也勿要睬伊。

辣辣俄个斜对过教室里上课个老师老来三个。

伊拉屋里老早住辣对过个,只要招招手我就过去了。

(2) 上海话熟语解释

a) 湿手搭面粉(saᵏ s欧 daᵏ mi fen)：粘住了甩不掉。比喻介入了某事无法脱身。

捋桩事体弄得我湿手搭面粉,一点办法也呒没。

捋桩事体侬勿要去搭手,最后一定是湿手搭面粉。

b) 骗骗野人头(pi pi ya nin d欧)：骗那些不懂或没头脑的人。

搿种闲话侬也好相信个啊？骗骗野人头个呀！

搿种学堂名气好听，侪是骗骗野人头个呀！

c) 碰鼻头转弯(bang bik d欧 z安 w哎)：(a) 遇到阻力就拐弯；(b) 碰了钉子后回头。

走到底，碰鼻头转弯就到了。

侬啊，有得吃苦来，勿碰鼻头勿转弯个。

d) 尴里勿尴尬(g哎 li vak g哎 ga)：(a) 不如意，不凑巧；(b) 事情才做了一半；(c) 神色、态度不自在。

辣搿歇辰光开会真尴里勿尴尬。

搿桩事体做得尴里勿尴尬，只好做下去。

侬看伊尴里勿尴尬个样子，面孔也红了。

e) 摇头甩尾巴(y凹 d欧 huak ni bo)：摇头摆尾，驯服、得意的样子。

介开心啊？辣伊面摇头甩尾巴做啥？

侬看伊辣伊面摇头甩尾巴，像煞开心唻！

八、谈论健康

(一)

甲：哎, 侬 最近面色勿大好嘛, 哪能个啦?
　　哎 nong z安 jin mi sak vak da h凹 ma na nen gak la

乙：我也勿晓得呀, 夜里向 总归眍勿好。
　　ngo ha vak xi凹 dak ya ya li xiang zong gu哎 kun vak h凹

甲：有啥勿适意勿啦?
　　y欧 sa vak sak yi vak la

乙：近来胃也勿大好, 一直辣隉① 酸水。
　　jin l哎 hu哎 ha vak da h凹 yik sak lak g哎 s安 si

甲：葛 侬 豪愯② 去做做胃镜呀!
　　gak nong h凹 s凹 qi zu zu hu哎 jin ya

乙：老吓人个欧, 我 嬲做。
　　l凹 hak nin g欧 ngo vi凹 zu

甲：葛勿来三个, 查查清爽③ 心定呀! 侬要
　　gak vak l哎 s哎 gak so so qin sang xin din ya nong y凹
快点去做个呀。
kua di qi zu gak ya

乙：好个, 好个, 我 去 做。
　　h凹 gak h凹 gak ngo qi zu

116

注释：

① 隑：泛、反出。② 豪惾：快。③ 清爽：清楚。

（二）

甲：侬 哪 能 啦？鼻 涕 一 把 眼 泪 一 把 个？
　　nong na nen la bik ti yik bo ng哎 li yik bo gak

乙：大 概 感 冒 了，咳 嗽 咳 个 勿 停，浑 身 发 冷。
　　da g哎 g安 m凹 lak kak s欧 kak gak vak din hun sen fak lang

甲：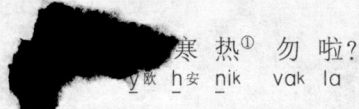寒 热① 勿 啦？
　　y欧 h安 nik vak la

乙：现 在 我 也 勿 晓 得。昨 日 量 过 个，呒 没。
　　yi s哎 ngo ha vak xi凹 dak sok nik liang gu gak m mak

甲：要 注 意 保 暖，我 看 侬 着 得 忒 少 哎。
　　y凹 zi yi b n安 ngo k安 nong zak dak tak s凹 l哎

乙：衣 裳 着 得 忒 多 人 木 来 西② 个，像 只
　　yi sang zak dak tak du nin mok l哎 xi gak xiang zak

　　戆 大③。
　　gang du

甲：噢，要 风 度，勿 要 温 度 啊？碰 得 着 个④。
　　凹 y凹 fonf du vak y凹 wen du a bang dak sak gak

注释：

① 寒热：发烧。② 木来西：形容笨重。③ 戆大：傻瓜。④ 碰得着个：意为真有你的。

(三)

甲：侬 好 像 勿 大 适 意 啊?
　　nong h凹 xiang vak da sak yi a

乙：肚 皮 惹① 得 一 塌 糊 涂, 三 个 钟 头 里 向 惹
　　du bi sa dak yik ta hu du s哎 gak zong d欧 li xiang sa

　　了 靠② 十 次 了。
　　lak k凹 sak ci lak

甲：就 是 肚 皮 惹 啊?
　　ji欧 si du bi sa a

乙：还 有 来, 侪 橱 门③ 穷④ 开, 呕 得 来 连 清 水 也
　　哎 y欧 l哎 ga si men jiong k哎 欧 dak l哎 li qin si ha

　　呕 出 来 了。
　　欧 cak l哎 lak

甲：葛 哪 能 会 得 个 啦?
　　gak na nen w哎 dak gak la

乙：物 事 勿 大 新 鲜, 乃 末 拿 只 肚 皮 吃 坏 脱 了。
　　mak si vak da xin xi n哎 mak n哎 zak du bi qik hua tak lak

　　真 是 作 孽 啊!
　　zen si zok nik a

甲：吃 物 事 要 当 心 点, 勿 新 鲜 个 勿 要 再 吃
　　qik mak si y凹 dang xin di vak xin xi gak vak y凹 z哎 qik

　　唻, 虱⑤ 脱!
　　l哎 dok tak

注释：
　①隑：泛、反出。②豪惗：快。③清爽：清楚。

(二)

甲：侬 哪 能 啦？鼻 涕 一 把 眼 泪 一 把 个？
　　nong na nen la bik ti yik bo ng哎 li yik bo gak

乙：大 概 感 冒 了，咳 嗽 咳 个 勿 停，浑 身 发 冷。
　　da g哎 g安 m凹 lak kak s欧 kak gak vak din hun sen fak lang

甲：有 寒 热① 勿 啦？
　　y以 h安 nik vak la

乙：现 在 我 也 勿 晓 得。昨 日 量 过 个，呒 没。
　　yi s哎 ngo ha vak xi凹 dak sok nik liang gu gak m mak

甲：要 注 意 保 暖，我 看 侬 着 得 忒 少 咪。
　　y凹 zi yi b安 n安 ngo k安 nong zak dak tak s凹 l哎

乙：衣 裳 着 得 忒 多 人 木 来 西② 个，像 只
　　yi sang zak dak tak du nin mok l哎 xi gak xiang zak

　　戆 大③。
　　gang du

甲：噢，要 风 度，勿 要 温 度 啊？碰 得 着 个④。
　　凹 y凹 fonf du vak y凹 wen du a bang dak sak gak

注释：
　①寒热：发烧。②木来西：形容笨重。③戆大：傻瓜。④碰得着个：意为真有你的。

(三)

甲：侬 好 像 勿 大 适 意 啊？
nong h凹 xiang vak da sak yi a

乙：肚 皮 惹① 得 一 塌 糊 涂，三 个 钟 头 里 向 惹
du bi sa dak yik ta hu du s哎 gak zong d欧 li xiang sa

了 靠② 十 次 了。
lak k凹 sak ci lak

甲：就 是 肚 皮 惹 啊？
ji欧 si du bi sa a

乙：还 有 来，侪 橱 门③ 穷④ 开，呕 得 来 连 清 水 也
哎 y欧 l哎 ga si men jiong k哎 欧 dak l哎 li qin si ha

呕 出 来 了。
欧 cak l哎 lak

甲：葛 哪 能 会 得 个 啦？
gak na nen w哎 dak gak la

乙：物 事 勿 大 新 鲜，乃 末 拿 只 肚 皮 吃 坏 脱 了。
mak si vak da xin xi n哎 mak n哎 zak du bi qik hua tak lak

真 是 作 孽 啊！
zen si zok nik a

甲：吃 物 事 要 当 心 点，勿 新 鲜 个 勿 要 再 吃
qik mak si y凹 dang xin di vak xin xi gak vak y凹 z哎 qik

咿，乿⑤ 脱！
l哎 dok tak

注释：

① 惹：拉。② 靠：近。③ 斉橱门：原指放饭菜的柜子，这里指胃里的东西。④ 穷：拼命。⑤ 甩：丢。

(四)

甲：侬 哪 能 血 压 又 高 了 啦？药 一 直 辣 海
　　nong na nen xuek yak y欧 g凹 lak la yak yik sak lak h哎

吃 哦？
qik va

乙：我 看 看 一 直 侪 稳 定 了 嘛，就 停 了 一 个 礼 拜。
　　ngo k安 k安 yik sak s哎 wen din lak ma ji欧 din lak yik gak li ba

甲：辩 勿 是 开 玩 笑 个，要 风 瘫① 个 晓 得 哦。
　　gak vak si k哎 hu哎 xi凹 gak y凹 fong t哎 gak xi凹 dak va

乙：晓 得 唻，我 记 牢，以 后 一 定 每 天 按 时 吃 药。
　　xi凹 dak l哎 ngo ji l凹 yi h欧 yik din m哎 ti 安 si qik yak

甲：咸，乃 末② 对 唻！
　　h哎 n哎 mak d哎 l哎

注释：

① 风瘫：瘫痪。② 乃末：这下。

1. 词语扩充

动作(dong zok)：吃(qik)、咪(mi)、叼(di凹)、着(zak)、坐(su)、穿(c安)、住(si)、走(z欧)、跑(b凹)、奔(ben)、立(lik)、蹲(den)、孵(bu)、坐(su)、爬(bo)、跌(dik)、推(t哎)、克(kak)、压(ak)、掼(gu哎)、落(lok)、拾(xik)、敲(k凹)、搬(b安)、托(tok)、轧(gak)、寻(xin)、拣

(g哎)、丑(dok)、挑(ti凹)、跳(ti凹)、踢(tik)、拖(tu)、拉(la)、扫(s凹)、弹(d哎)、吹(ci)、吸(xik)、揩(ka)、敲(k凹)、击(jik)、拍(pak)、抱(b凹)、传(s安)、摆(ba)、供(gong)、摸(mok)、堆(d哎)、荡(dang)、看(k安)、闻(men)、吞(ten)、咽(yi)、拿(no)、拨(bak)、开(k哎)、关(gu哎)、打(dang)、削(xiak)、斩(z哎)、刮(guak)、揢(tak)、汰(da)、晒(so)、用(yong)、读(dok)、写(xia)、说(sak)、听(tin)、念(ni)、做(zu)、翻(f哎)、唱(cang)、哭(kok)、笑(xi凹)。

2. 惯用语学习

完全没有 **精光** jin guang	联系很多 **热络** nik lok	体质差 **丹老** d哎 l凹	舍不得 **肉麻** niok mo
失去原来样子 **走油** z欧 yang	持家俭省 **把家** bo ga	穿着不整 **添太** ti ta	搞僵而懊恼 **吃酸** qik s安
喻为心计 **算盘** s安 b安	后悔而无法说出 **挖塞** wak sak	兜得转 **吃得开** qik dak k哎	无数次说 **炒冷饭** c凹 lang v哎
靠别人力量办事 **照排头** z凹 ba d欧	为表面好看而装饰 **装门面** zang men mi	过夜生活的人 **夜神仙** ya sen xi	嘴对耳说话 **咬耳朵** ng凹 ni du
说话不兑现 **放白鸽** fang bak gak	逃避人为的灾祸 **避风头** bi fong d欧	里外不是人 **轧扁头** gak bi d欧	形容无法做某事 **睏扁头** kun bi d欧

3. 侬晓得哦

(1) 上海话时间词

a) 表示过去,"老里八早,老底子,老早"。例如:

我老里八早就晓得㑚个人料作㒃。

阿拉屋里向老底子住辣淮海路个。

伊老早就来了,侬到现在再来啊!

b) 表示在这段时间里,"搿枪,搿枪里"。例如:

伊搿枪里吭没空,忙煞了,到下礼拜再讲好哦?
我搿枪心情老勿好个,一直想发脾气。

c) 表示目前发生的,"现在,乃"。例如:

现在是十点半,侬啥辰光走?我去做准备。
我讲了介许多辰光了,乃侬搞清爽了哦?

(2) 上海话熟语解释

a) 新开豆腐店(xin k_哎 d_欧 vu di):刚开张。

伊拉今朝是新开豆腐店呀!
今朝阿拉是新开豆腐店,让利三天!

b) 横理十八条(wang li sa_k ba_k di_凹):蛮不讲理找出各种歪理。

搿个人侬讲勿过伊个,伊是横理十八条。
明明侬错了,侬勿要横理十八条好哦?

c) 额角头高进(nga_k go_k d_欧 g_凹 jin):碰上好运气了。

我今朝是额角头高进,辣末一个,拨我买着。
搿个人额角头高进,中着一百万!

d) 嘴硬骨头酥(zi ngang go_k d_欧 su):说得很硬,但临到有事就退却了。

搿个人是嘴硬骨头酥,一碰着事体就吓煞了。
平常狠三狠四,一看到领导就软下来了,真是嘴硬骨头酥。

e) 臂把朝外弯(bi bo s_凹 nga w_哎):胳膊朝外,替他家着想。

侬搿人啊,哪能总归臂把朝外弯个啦!
讲闲话要帮自家人个呀,侬哪能臂把朝外弯个啦!

九、接朋友

(一)

甲：今朝礼拜几啊？
　　jin z凹 li ba ji a

乙：礼拜两，侬做啥？
　　li ba liang nong zu sa

甲：哦哟，乃末死脱①！哎，现在几点钟了啦？
　　ok yok n哎 mak xi tak 　哎 yi s哎 ji di zong lak la

乙：两点一刻勿到一眼眼，侬要做啥啦？
　　liang di yik kak vak d凹 yik ng哎 ng哎 nong y凹 zu sa la

甲：我差点忘记脱，三点钟要去接个朋
　　ngo ca di mang ji tak s哎 di zong y凹 qi jik gak bang
　　友个。
　　y欧 gak

乙：到阿里搭去接，火车站啊？
　　d凹 ha li dak qi jik fu co s哎 a

甲：勿是个，辣飞机场。
　　vak si gak lak fi ji sang

乙：飞机啥辰光到啊？
　　fi ji sa sen guang d凹 a

甲：夜快头② 五点半。
　　ya kua d欧　ng di b安

乙：噢,是浦东机场还是虹桥机场啊?
　　凹 si pu dong ji sang 哎 si hong ji凹 ji sang a

甲：是虹桥机场。
　　si hong ji凹 ji sang

乙：五点半个飞机三点钟出门末忒早哎!
　　ng di b安 gak fi ji s哎 di zong cak men mak tak z凹 l哎

甲：迟到勿大好哦,人家等辣海要急煞脱个。
　　si d凹 vak da h凹 va nin ga den lak h哎 y凹 jik sak tak gak

乙：辣伊面戆等做啥?现在有高架个,三刻
　　lak yi mi gang den zu sa yi s哎 y欧 g凹 ga gak s哎 kak

　　钟就好到哎。
　　zong ji欧 h凹 d凹 l哎

甲：葛侬讲几点钟出去啊?
　　gak nong gang ji di zong cak qi a

乙：四点半出门好哎,笃定③来得及个。
　　si di b安 cak men h凹 l哎 dok din l哎 dak jik gak

甲：葛勿来三,万一路浪向堵车呢?还是稍
　　gak vak l哎 s哎 v哎 yik lu lang xiang du co n哎 哎 si s凹

　　微早点好。
　　w哎 z凹 di h凹

乙：葛 四 点 钟 出 门 好 唻，一 定 来 得 及 了。
　　gak si di zong cak men h凹 l哎 yik din l哎 dak jik lak

甲：好 个，葛 我 就 听 侬 个 哦。
　　h凹 gak gak ngo ji tin nong gak va

注释：
　　① 乃末死脱：这下完了。② 夜快头：傍晚。③ 笃定：肯定，一定。

(二)

甲：请 问，现 在 几 点 钟 啊？
　　qin men yi s哎 ji di zong a

乙：三 点 半 快① 了。
　　s哎 di b安 kua lak

甲：北 京 来 个 车 子 哪 能 还 没 到 啦？
　　bok jin l哎 gak co zi na nen 哎 mak d凹 la

乙：广 播 里 讲 误 点 来，侬 没 听 到 啊？
　　guang bu li gang ngu di l哎 nong mak tin d凹 a

甲：没 呀，伊 讲 误 点 多 少 辰 光 啊？
　　mak ya yi gang ngu di du s凹 sen guang a

乙：好 像 要 两 个 钟 头 哦？
　　h凹 xiang y凹 liang gak zong d欧 va

甲：噢，葛 快 点 打 只 电 话 回 去，屋 里 向 要 急
　　凹 gak kua di dang zak di ho hu哎 qi ok li xiang y凹 jik

124

煞 脱 个。
sak tak gak

注释：

① 三点半快：快三点半。上海话采用倒装句式。

1. 词语扩充

酱油(jiang y欧)、味精(vi jin)、盐(yi)、红糖(hong dang)、白(ba_k)糖、冰(bin)糖、赤砂(ca_k so)糖、醋(cu)、老酒(l凹 ji凹)、面粉(mi fen)、线(xi)粉、大米、小米、血糯(xue_k nu)米、黑(ha_k)米、高粱(g凹 liang)米、珍珠(zen zi)米、芋艿(yu na)、花生(ho sen)米、长生果(sang sen gu)、荞麦(ji凹 ma_k)、麦片(pi)、黄豆(huang d欧)、赤(ca_k)豆、绿(lo_k)豆、白扁(ba_k bi)豆、小寒(h安)豆、蚕(s安)豆、黑豆、藕(ng欧)、菱角(lin go_k)；茶叶(so yi_k)、铁观音(ti_k g安 yin)、乌龙(wu long)、黄山毛峰(huang s哎 m凹 fong)、白茶(ba_k so)、龙井(long jin)、碧螺春(bi_k lu cen)、普洱(pu er)、君山银针(jun s哎 nin zen)、茉莉(mo_k li)花；饮料(yin li凹)、菊花(jua_k ho)、矿泉水(kuang xi si)、牛奶(ni欧 na)、椰(ya)奶、酸(s安)奶、玫瑰(m哎 gu哎)西洋参(xi yang sen)、养生(yang sen)茶、开(k哎)水、温(wen)开水、冰(bin)水、可乐(ku lo_k)、橘子(jue_k zi)水、黄瓜汁(huang go za_k)、核桃(ha_k d凹)汁、苹果(bin gu)汁、芒(mang)果汁、猕猴桃(mih欧 d凹)汁、橙(sen)汁。

2. 惯用语学习

该死的 **断命** d安min	服帖 **领盆** lin ben	颠倒 **丁倒** din d凹	联系多 **热络** nik lok	佩服 **服帖** vok tik
方法对 **得法** dak fak	可怜 **罪过** s哎 gu	嘱咐 **关照** gu哎 z凹	不应搞坏而坏 **硬伤** ngang sang	看面子办事 **卖面孔** ma mi kong

小偷	开玩笑	精于计算得失	不受欢迎	打瞌睡
贼骨头	寻开心	门槛精	吃勿开	打瞌眈
sak guak d欧	xin k哎xin	men k哎 jin	qik vak k哎	dang kak cong

两个半片	过意不去	交朋友	节约	说悄悄话
两半爿	意勿过	轧朋友	做人家	咬耳朵
liang b安 b哎	yi vak gu	gak bang y欧	zu nin ga	ng凹 ni du

3. 侬晓得哦

(1) 上海话的时间词

a) 表示将来，"早晏点，辣末"。例如：

伊勿要忒糊涂噢，辫能样子下去早晏点要出事体个。
㑚嫒吃个物事到辣末侪到我肚皮里去了。

b) 表示重复，"又要，常庄，专门"。例如：

侬哪能又要讲了，我耳朵浪老茧也要听出来了。
伊个身体老单牢个，常庄要生毛病个。
辫个人专门辫能样子个，一日到夜掉枪花。

c) 表示持续，"乃末"。例如：

老头子今朝勿辣海，我没钥匙，乃末好，乃坏事体味！
伊下趟再也勿来了，乃末侬还要想过日脚哦？

(2) 上海话熟语解释

a) 八字吭没一撇(ba_k si_ m ma_k yi_k pi_k)：事情还没有开头，还没有一点儿头绪。

辫桩事体八字吭没一撇，慢叫再讲。
甲：㑚囡儿要结婚快了哦？　　乙：八字还吭没一撇味！

b) 戆进勿戆出(gang jin va_k gang ca_k)：指有人装傻，实际上老占便宜。

辦个人侬讲伊戆啊！伊是戆进勿戆出个。

看伊戆搭搭个样子,戆进勿戆出,门槛真精咪！

c) 开无轨电车(k_哎 hu gu_哎 di co)：讨论或思想离题,漫无边际。

大家讲辦只话题,勿要开无轨电车好哦？

辦个人讲闲话没啥水平,常庄开无轨电车个。

d) 吃空心汤团(qi_k kong xin tang d_安)：得到不能兑现的许诺。

伊个闲话侬好相信个啊？要拨侬吃空心汤团个呀！

讲得老好听个,送拨我物事,实际浪是拨我吃只空心汤团啦！

e) 打马路官司(dang mo lu g_安 si)：路见不平,说理调解。

伊没啥事体做,天天辣外头打马路官司。

屋里向个事体末勿做,到外头去打啥个马路官司。

十、过　节

(一)

甲：张　家　姆　妈，侬　好呀，买点啥啦？
　　zang ga m ma nong h凹 ya ma di sa la

乙：噢，今朝清明呀，买　两　只　青团，来，侬　尝
　　凹　jin z凹 qin min ya ma liang zak qin d安 l哎 nong sang

　　尝味道看。
　　sang mi d凹 k安

甲：喔唷，侬　搿只青团老好吃个，啥地方买
　　ok yok nong gak zak qin d安 l凹 h凹 qik gak sa di fang ma

　　个啦？
　　gak la

乙：是　沧　浪　亭　个呀，伊拉做　工　邪气讲
　　si cang lang din gak ya yi la zu gong xia qi gang

　　究个。
　　ji欧 gak

甲：沧　浪　亭？老有　名　个啊？
　　cang lang din l凹 y欧 min ga

乙：侬　勿　晓　得　个啊？噢，侬是新上海人，老
　　nong vak xi凹 dak ga 凹 nong si xin sang h哎 nin l凹

　　上　海是侪晓得个呀。
　　sang h哎 si s哎 xi凹 dak dak ya

(二)

甲：今朝端午节呀，侬粽子包一眼勿啦?
　　jin z凹 d安 ng jik ya nong zong zi b凹 yik ng哎 vak la

乙：现在啥人家包粽子啊，外头买眼吃末
　　yi s哎 sa nin ga b凹 zong zi a nga d欧 ma ng哎 qik mak

　　好唻!
　　h凹 l哎

甲：外头买个粽箬勿灵个，没清香味
　　nga d欧 ma gak zong nik vak lin gak mak qin xiang mi

　　道个。
　　d凹 gak

乙：侬一直是自家包个啊?
　　nong yik sak si si ga b凹 ga

甲：平常吃个勿是个，端午一定是自家
　　bin sang qik gak vak si gak d安 ng yik din si si ga

　　包个。
　　b凹 gak

(三)

甲：十一长假准备哪能过啊?
　　sak yik sang ga zen b哎 na nen gu a

乙：还没想好，可能到国外去旅游。
　　哎 mak xiang h凹 ku nen d凹 gok nga qi lü y欧

甲：还没想好啊?到侬想好，旅行社侪客
　　哎 mak xiang h凹 a d凹 nong xiang h凹 lü yin so s哎 kak

满咪。
m安 l哎

乙：勿来三末，阿拉就辣附近散散心也可
vak l哎 s哎 mak ak lak ji欧 lak vu jin s哎 s哎 xin ha ku

以个。
yi gak

甲：上海近郊有啥地方好白相个啊？
sang h哎 jin ji凹 y欧 sa di fang h凹 bak xiang ga

乙：呶，松江、青浦、嘉定，好白相个地方还
n凹 song gang qin pu ga din h凹 bak xiang gak di fang 哎

蛮多个。
m哎 du gak

甲：搿眼地方个历史侪老长了哦。
gak ng哎 di fang gak lik si s哎 l凹 sang lak va

乙：是个呀，古迹也老多个，可以去走走白
sik gak ya gu jik ha l凹 du gak ku yi qi z欧 z欧 bak

相相。
xiang xiang

(四)

甲：今年过年辣啥地方过啊？
jin ni gu ni lak sa di fang gu a

乙：要回转去个，老娘一直辣辣讲，好几年
y凹 hu哎 z安 qi gak l凹 niang yik sak lak lak gang h凹 ji ni

没回去了。
mak hu哎 qi lak

甲：葛是要想侬了,只生侬一个,看勿见
gak si y凹 xiang nong lak zak sang nong yik gak k安 vak ji

侬难过哦?
nong n哎 gu va

乙：是个呀,但是过年车子老轧个,人多得来
si gak ya d哎 si gu ni co zi l凹 gak gak nin du dak l哎

勿得了。
vak dak li凹

甲：回转去还要买交关物事,还要拨脱勿
hu哎 z安 qi哎 y凹 ma ji凹 gu哎 mak si 哎 y凹 bak tak vak

少压岁钿。
s凹 ak s安 di

乙：人情债呀。走一趟起码要用脱七八千
nin jin za ya z欧 yik tang qi mo y凹 yong tak qik bak qi

块洋钿咪。
ku哎 yang di l哎

甲：再加上车钿老啥,没万把块① 打勿下
z哎 ga sang co di l凹 sa mak v哎 bo ku哎 dang vak ho

来② 个。
l哎 gak

注释:

① 万把块:一万块钱左右。② 打勿下来:拿不下来的。

1. 词语扩充

感觉(g安 juek)：甜(di)、酸(s安)、苦(ku)、麻(ma)、辣(lak)、咸(h欧)、淡(d哎)、辛(xin)、鲜(xi)、烫(tang)、冰(bin)、冷(lang)、热(nik)、痛(tong)、痒(yang)、浓(niong)、淡(d哎)、香(xiang)、臭(c欧)、烦(v哎)、痛(tong)、闷(men)、好(h凹)、坏(hua)、响(xiang)、灵(lin)、戆(gang)、嗲(dia)、大(du)、小(xi凹)、多(du)、少(s凹)、老(l凹)、嫩(nen)、粗(cu)、细(xi)、长(sang)、短(d安)、高(g凹)、低(di)、歪(hua)、直(sak)、斜(qia)、瘦(s欧)、胖(pang)、前(xi)、后(h欧)、左(zu)、右(y欧)、高(g凹)、低(di)、亮(liang)、暗(安)、松(song)、紧(jin)、快(kua)、慢(m哎)、满(m安)、空(kong)、死(xi)、活(huak)、毛(m凹)、光(guang)、干(g安)、湿(sak)、阔(kuak)、窄(hak)、真(zen)、假(ga)、天(ti)、地(di)、黑(hak)、白(bak)、正(zen)、反(f哎)。

2. 惯用语学习

烦心	恶心	事情变得无指望	闲来无事	讨厌
苦恼	**腻心**	**泡汤**	**厌气**	**触气**
ku n凹	ni xin	p凹 tang	yi qi	cok qi
伙伴	凉快	暖和	无数	做事讲义气
淘伴	**荫凉**	**暖热**	**造反**	**上路**
d凹 b安	yin liang	n安 nik	s凹 f哎	sang lu
没关系	走后门	起床	逛街	过日子
勿搭界	**通路子**	**辘起来**	**荡马路**	**过日脚**
vak dak ga	tong lu zi	lok qi 哎	dang mo lu	gu nik jiak
做事	穿衣服	担心	被批评	体面
做生活	**着衣裳**	**担心思**	**吃排头**	**上台面**
zu sang huak	zak yi sang	d哎 xin si	qik ba d欧	sang d哎 mi

3. 侬晓得哦

(1) 上海话的年月用法(一)

a) 年的使用法：大前年，前年(子)，旧年(去年)，今年，开年

(明年),后年,大后年。

例如:

大前年我爷八十二岁,旧年子侬讲伊几岁啊?
前年子我个囝儿十二岁,开年几岁?
今年子读大一,明年就是大两了。
后年是2016年,葛末大后年呢?

b) 月的使用法:前个月(号头),上个月,搿个月,下个月,再下个月。例如:

前个月伊到美国去开会个。上个号头伊辣学堂里上课。
搿个月阿拉放寒假。下个号头开学又要忙了。

(2) 上海话熟语解释

a) 吃冤枉官司(qi_k yu_安 wang g_安 si):(a) 因冤枉而坐牢;(b) 被人冤枉。

搿桩事体勿是伊做个呀,硬劲赖辣伊头浪,吃只吃冤枉官司。
搿个人吃冤枉官司,拨关进去十年,结果搞错脱了。倒霉哦?

b) 卖狗皮膏药(ma g_欧 bi g_凹 ya_k):自我吹嘘,弄虚作假。

伊个人辣伊面卖狗皮膏药,侬勿好去相信伊个呀!
伊又做勿来啥个事体个,就会得卖狗皮膏药。

c) 敲橡皮图章(k_凹 xiang bi du zang):决议不算数。

连牢开了几天会,最后是敲橡皮图章。
阿拉好好叫商量商量,勿要再敲橡皮图章。

d) 搭豆腐架子(da_k d_欧 vu ga zi):摆臭架子。

人家侪来了,侬好出来了呀,勿要再搭豆腐架子了好哦?
伊辣伊面搭豆腐架子,啥人要去睬伊。

e) 借囡骂新妇(jia n_安 mo xin vu):(a) 表面骂女儿,实际上骂媳妇。新妇,媳妇;(b) 指桑骂槐。

伊辣伊面盯牢小王骂,实际浪是借囡骂新妇,勿敢去骂领导啦!
侬勿要借囡骂新妇,到底辣骂啥人啊!讲讲清爽!

十一、聊天(2)

(一)

甲：介破个皮鞋末去掼掼脱,着辣脚浪勿
　　ga pu gak bi ha mak qi gu哎 gu哎 tak zak lak jiak lang vak

　　怕退招势①个啊?
　　po t哎 z凹 si　　ga

乙：掰 双 鞋 子 是 有 纪 念 意 义 个,勿 舍 得
　　gak sang ha zi si y欧 ji ni yi ni gak vak so dak

　　掼 脱。
　　gu哎 tak

甲：哎,啥个纪念啊,讲 拨 我 听 听 可 以 哦?
　　哎 sa gak ji ni a gang bak ngo tin tin ku yi va

乙：噢,掰是我老底子个女朋 友拨我个。
　　凹 gak si ngo l凹 di zi gak nü bang y欧 bak ngo gak

甲：是哦,葛 末 佴现在 勿 来 去②啦?
　　si va gak mak na yi s哎 vak l哎 qi　　la

乙：咸,后首来慢慢叫③联系就少了。
　　h哎 h哎 s欧 l哎 m哎 m哎 ji凹　li xi ji欧 s凹 lak

甲：为 啥 啦?
　　hu哎 sa la

乙：有 一 枪④老 忙 个,总 归⑤搭 伊 讲 没
　　y欧 yik qiang l凹 mang gak zong gu哎 dak yi gang mak

134

空。伊就勿来寻我了。
kong yi ji⁽欧⁾ vak l⁽哎⁾ xin ngo lak

甲：葛 侬 去 寻 伊 呀！朋 友 朋 友 是 要 碰 个
gak nong qi xin yi ya bang y⁽欧⁾ bang y⁽欧⁾ si y⁽凹⁾ bang gak

呀，勿 接 触 要 疏 远 个 呀。
ya vak jik cok y⁽凹⁾ su yu⁽安⁾ gak ya

乙：算 咪，留 一 段 蛮 好 个 回 忆 哦。
s⁽安⁾ l⁽哎⁾ li⁽欧⁾ yik d⁽安⁾ m⁽哎⁾ h⁽凹⁾ gak hu⁽哎⁾ yi va

注释：
　　① 退招势：坍台。② 来去：往来。③ 慢慢叫：逐渐地。④ 有一枪：有一阵。⑤ 总归：总是。

（二）

（打电话）

甲：喂，是 老 白 哦？
w⁽哎⁾ si l⁽凹⁾ bak va

乙：是 个 呀，侬 是 啥 人？噢，是 阿 蒙 啊。侬 好
si gak ya nong si sa nin ⁽凹⁾ si ak mong a nong h⁽凹⁾

呀，有 啥 事 体 哦？
ya y⁽欧⁾ sa si ti va

甲：我 问 侬，明 朝 夜 里 侬 有 得 空 哦？
ngo men nong min z⁽凹⁾ ya li nong y⁽欧⁾ dak kong va

乙：明 朝 夜 里 呒 没 啥 事 体，哪 能？
min z⁽凹⁾ ya li m mak sa si ti na nen

甲：我 想 请 侬 去 看 场 电影，去 哦？
ngo xiang qin nong qi k安 sang di yin qi va

乙：好 个 呀，到 啥 地 方 去 看，看 啥 个 电 影 呢？
h凹 gak ya d凹 sa di fang qi k安 k安 sa gak di yin n哎

甲：阿 拉 到"大 光 明"去 看 看 再 讲，好 哦？
ak lak d凹 da guang min qi k安 k安 z哎 gang h凹 va

乙：下 半 天 五 点 钟 侬 到 我 屋 里 门 口 头，
ho b安 ti ng di zong nong d凹 ngo ok li men k欧 d欧

好 哦？
h凹 va

甲：阿 拉 吃 好 夜 饭 再 出 去 好 唻。
ak lak qik h凹 ya v哎 z哎 cak qi h凹 l哎

乙：嫒，就 到 外 头 去 吃 一 顿 末 好 唻，难 板
vi凹 ji欧 d凹 nga d欧 qi qik yik den mak h凹 l哎 n哎 b哎

个 呀。
gak ya

甲：外 头 物 事 侪 老 贵 个，阿 拉 嫒 攒 派 头① 唻。
nga d欧 mak si s哎 l哎 ju gak ak lak vi凹 gu哎 pa d欧 l哎

乙：葛 随 便 侬 哦。侬 讲 几 点 钟？六 点 半
gak s安 bi nong va nong gang ji di zong lok di b安

好 哦？
h凹 va

甲：好 个，就 掼 能 讲 定 了。再 会。
　　h凹 gak ji欧 gak nen gang din lak z哎 hu哎

注释：

① 掼派头：摆阔，吹嘘。

1. 词语扩充

面包房(mi b凹 vang)、包房、茶坊(so fang)、茶室(sak)、茶叶(yik)店、歌城(gu sen)、便利店(bi li di)、烟纸(yi zi)店、杂货(sak hu)店、水果(si gu)店、饭(v哎)店、点心(di xin)店、馒头(m安 d欧)店、老大房(l凹 da vang)、老大昌(cang)、乔家栅(ji凹 ga sak)、沧浪亭(cang lang din)、采芝斋(c哎 zi za)、光明村(guang min cen)、沈大成(sen da sen)、杏花楼(hang ho l欧)。

医保卡(yi b凹 ka)、社(so)保卡、老人(l凹 nin)卡、优惠(y欧 hu哎)卡、打折(dang zak)卡、消费(xi凹 fi)卡、图书(du si)卡、胸(xiong)卡、户口簿(hu k欧 bu)、工作证(gong zok zen)、残疾(s哎 jik)证、学生(hok sang)证、学员(yu安)证、驾驶(jia si)证、借书(jia si)证、产权(c哎 ju安)证、出生(cak sang)证、会员(hu哎 yu安)证、进出(jin cak)证。

2. 惯用语学习

有模样	高大	合脚	式样陈旧	精神不正常
登样	**长大**	**跟脚**	**老气**	**搭错**
den yang	sang du	gen jiak	l凹 qi	dak co

到手	落空	安排、布置	反过来给予	责罚多显无所谓
着港	**脱空**	**调排**	**倒贴**	**疲脱**
sak gang	tak kong	di凹 ba	d凹 tik	bi tak

拿得出手	第一个发言	过瘾	有病	试探别人的意思
上台面	**开头炮**	**过念头**	**出毛病**	**讨口风**
sang d哎 mi	k哎 d欧 p凹	gu ni d欧	cak m凹 bin	t凹 k欧 fong

有靠山	有那么回事	做事有分寸	故意不说使人着急	挑逗、猥亵女人
有来头	**有介事**	**有清头**	**吊胃口**	**吃豆腐**
y欧 l哎 d欧	y欧 ga si	y欧 qin d欧	di凹 hu哎 k欧	qik d欧 vu

3. 侬晓得哦

(1) 上海话星期、日的用法(二)

a) 星期的使用法：前个礼拜,上个礼拜,搿个礼拜,下个礼拜,再下个礼拜。例如：

前个礼拜我到阿拉娘搿搭去个,上个礼拜去上课个。

搿个礼拜辣辣屋里向休息。下个礼拜侬看到阿里去啊?

b) 日的使用法：大前日(天),前日(子),昨日(子),今朝(子),明朝(子),后日,大后日。例如：

大前日我一点钟睏觉,昨日子吃力了,老早就睏了。

前日(子)天气勿大好,今朝还是勿大灵,大概后日会得好起来了。

搿件衣裳侬帮我汰汰伊好哦,明朝(子)我要着个。

冷空气要来了,大后日最低气温要降到六度哝。

(2) 上海话熟语解释

a) 桥归桥,路归路(ji凹 gu哎 ji凹 lu gu哎 lu)：各管各,互不相干。

阿拉从现在开始搭侬桥归桥,路归路,好哦?

伊拉两个人桥归桥,路归路,勿搭界个。

b) 横勿好,竖勿好(huang vak h凹 si vak h凹)：这样不好,那样也不好。

侬搿个人疙瘩来,横勿好,竖勿好,到底要哪能啦!

生病人就是横勿好,竖勿好,伊浑身勿适意呀!

c) 三勿罢,四勿休(sɐ vaᵏ ba si vaᵏ xiᴏᵘ):无休无止,不肯罢休。

讲过了末算咪,三勿罢,四勿休个,做啥啦!

侬待伊勿好有一眼眼差错个,否则啊,伊三勿罢,四勿休,侬有得苦咪!

d) 六月债,还得快(loᵏ yueᵏ za huɐ daᵏ kua):还债及时。形容受了气马上想法子回过去。

刚刚讲好侬,马上就来讲我了,侬倒是六月债,还得快嘛!

昨日子拨伊骂一顿,今朝就想办法来还我了,真是六月债,还得快。

e) 拆东墙,补西墙(caᵏ dong qiang bu xi qiang):顾了这头,顾不了那头。无条理地采取补救措施。

伊穷来西个,没钞票用,常常辣拆东墙,补西墙个。

每个号头个生活侪要安排好,勿好拆东墙,补西墙。

十二、生 病

(一)

甲：搿 两 天 一 直 没 看 见 小 钱，伊 出 差 去 啦？
　　gak liang ti yik sak mak k安 ji xi凹 xi yi cak ca qi la

乙：没，生 毛 病 住 医 院 了。
　　mak sang m凹 bin si yi yu安 lak

甲：生 啥 个 毛 病 啦，严 重 哦？
　　sang sa gak m凹 bin la ni song va

乙：听 伊 老 婆 讲 好 像 是 发 痔 疮。
　　tin yi l凹 bu gang h凹 xiang si fak si cang

甲：侬 哪 能 勿 讲 拨 我 听 个 啦！
　　nong na nen vak gang bak ngo tin gak la

乙：我 也 昨 日 子 刚 刚 晓 得。听 讲 血 出 得
　　ngo ha sok nik zi gang gang xi凹 dak tin gang xuek cak dak

　　瞎 多，蛮 严 重 个。
　　hak du m哎 ni song gak

甲：搿 个 勿 好 忒 大 意，要 查 查 清 爽 个。万 一
　　gak gak vak h凹 tak da yi y凹 co co qin sang gak v哎 yik

　　病 变 呢？
　　bin bi n哎

乙：阿 里 天 阿 拉 抽 个 空 一 道 去 看 看 伊 好 哦？
　　ha li ti ak lak c欧 gak kong yik d凹 qi k安 k安 yi h凹 va

甲：今朝 下半天 落班① 侬 有 啥 事体 哦？
　　jin z凹 ho b安 ti lok b哎　nong y欧 sa si ti va

乙：倒 没 啥 事体 呀，哪 能？
　　d凹 mak sa si ti ya na nen

甲：阿拉 就 今朝 落班 以后 到 医院 去 看看 伊
　　ak lak ji欧 jin z凹 lok b哎 yi h欧 d凹 yi yu安 qi k安 k安 yi

　　好 勿 啦？
　　h凹 vak la

乙：好 个 呀，葛 就 㑚 能。阿拉 落班 辣 辣 门 口
　　h凹 gak ya gak ji欧 gak nen　ak lak lok b哎 lak lak men k欧

　　头 等 辣 海 一 道 去。
　　d欧 den lak h哎 yik d凹 qi

注释：
　①落班：下班。

（二）

（在诊所）

医生：侬 啥 地 方 勿 适意 啊？
　　　nong sa di fang vak sak yi a

病人：胡 咙① 痛，浑 身 发 冷，头 胀 得 要 死②。
　　　hu long　tong hun shen fak lang d欧 zang dak y凹 xi

医生：有 得 寒 热③ 哦？
　　　y欧 dak h安 nik va

病人：昨 日 子 夜 里 向 有 个，三 十 九 度，早 浪
　　　sok nik zi ya li xiang y欧 gak s哎 sak ji欧 du z凹 lang

　　　向 起 来 量 没 了。
　　　xiang qi l哎 liang mak lak

医生：嘴 巴 张 开，发"啊"。
　　　zi bo zang k哎 fak a

病人：医 生，是 啥 个 毛 病 啊！要 紧 哦？
　　　yi sang si sa gak m凹 bin a y凹 jin va

医生：是 扁 桃 腺 发 炎 了。瓣 眼 药 回 转 去 吃，多
　　　si bi d凹 xi fak yi lak gak ng哎 yak hu哎 z安 qi qik du

　　　休 息，睏 觉。
　　　xi欧 xik kun g凹

注释：
　　①胡咙：喉咙。②要死：要命。③寒热：热度。

（在付费处）

职员：一 共 两 百 零 三 块 六 角，侬 付 现 金 廿
　　　yik gong liang bak ling s哎 ku哎 lok gok nong fu yi jin ni哎

　　　二 元 三 角。
　　　ni ku哎 s哎 gok

病人：拨 侬 钞 票。
　　　bak nong c凹 pi凹

职员：收 侬 廿 五 块，找 侬 两 块 七 角，来，钞
　　　s欧 nong ni哎 ng ku z凹 nong liang ku哎 qik gok l哎 c凹

142

　　票 拿 好。
　　pi凹 n哎 h凹

（在取药处）

职员：药 方 拿 过 来。侬 等 脱 一 歇 噢。
　　　yak fang n哎 gu l哎 nong den tak yik xik 凹

病人：喏，搿 是 药 方，拨 侬。
　　　n凹 gak si yak fang bak nong

职员：搿 种 一 日 天 吃 三 次，饭 后 吃。
　　　gak zong yik nik ti qik s哎 ci v哎 h欧 qik

病人：搿 种 呢？哪 能 吃 法？
　　　gak zong n哎 na nen qik fak

职员：搿 种 吃 四 次，四 个 钟 头 一 次。
　　　gak zong qik si ci si gak zong d欧 yik ci

病人：好 个，晓 得 了。
　　　h凹 gak xi凹 dak lak

1. 词语扩充

　　医院(yi yu安)、门诊(men zen)、急(jik)诊、挂号(go h凹)、西(xi)医、中(zong)医、外科(nga ku)、内(n哎)科、牙(nga)科、伤(sang)科、五官(ng g安)科、神经(sen jin)科、骨(gok)科、消化(xi凹 ho)科、风瘫(t哎)、发寒热(fak h安 nik)、感冒(g安 m凹)、伤风(sang fong)、扁桃腺(bi d凹 xi)、甲状(jiak sang)腺、风疹块(fong zen ku哎)、肝炎(g安 yi)、肺(fi)炎、胆囊(d哎 nang)炎、囊肿(zong)、胃(hu哎)炎、结肠(jik sang)、盲(mang)肠、气管(qi g安)炎、脑膜(n凹 mo)炎、哮喘(xi凹 c安)、便秘(bi bi)、脂肪(zi fang)肝、腰子病

143

(y凹 zi bin)、心脏(xin sang)病、糖尿(dang ni凹)病、褥疮(si cang)、痛风(tong fong)、疙瘩(ga_k da_k)、血压高(xue_k a_k g凹)、吊盐水(di凹 yi si)、拔火罐(ba_k fu g安)、开刀(k哎 d凹)、恶心(o_k xin)、狐臭(hu_c欧)、吃药(ya_k)、止泻(zi xia)药、止痛(tong)药、咳嗽药水(ka_k s欧 ya_k si)、晕车药(yun co)、万金油(v哎 jin y凹)、清凉(qin liang)油、伤筋膏(sang jin g凹)、橡皮(xiang bi)膏、创可贴(cang k欧 tik)。

2. 惯用语学习

非常坚硬	冰冻	天气干燥	小积水	靠近农村
石硬	**冰胶**	**收燥**	**水塘**	**落乡**
sak ngang	bin g凹	s哎 s凹	si dang	lok xiang

一年左右	过水	非常光滑	汗毛	大舌头
年把	**出水**	**的滑**	**寒毛**	**刁嘴**
ni bo	cak si	dak hua	h安 m哎	di凹 zi

比高低	无头脑不懂	参与、介入	吵架	坐牢
别苗头	**呒清头**	**轧一脚**	**寻相骂**	**吃官司**
bik mi凹 d欧	m qin d欧	gak yik jiak	xin xiang mo	qik g安 si

聊天	相撞	得到意外东西	差得多	当场给人下不来
茄山河	**相鼻头**	**出外快**	**大推板**	**现开销**
ga s哎 hu	xiang bik d欧	cak nga kua	du t哎 b哎	yi k哎 xi凹

3. 侬晓得哦

(1) 先后顺序

a) 时间的先后：从前——老早、老里八早、老底子——哀个辰光——近来、前一枪——眼门前——最近——辫枪、辫枪里——现在——晏歇——后首来、后来——将来。

例如：

阿拉屋里老底子住辣淮海路,哀个辰光买物事老便当个。

144

为了一个女小人弄得伊拉勿开心，后首来联系就比较少了。

前一枪单位里邪气忙，辖枪里好眼了。

晏歇我要去睏一歇，昨日夜里向没睏好。

b) 一天的顺序：早浪向，上半日，中浪向，下半日，夜快头，夜里向，上半夜，下半夜。例如：

我现在每天早浪向六点半起来，上半日练练字，下半日写写书。

中浪向一家头辣辣屋里向随便吃一点好味。

夜快头到超市去跑一圈，夜里向看看电视、日脚也蛮好过个。

年纪大了，上半夜还好睏，下半夜就睏勿大着了。

(2) 上海话熟语解释

a) 张家长，李家短(zang ga sang li ga d安)：谈论别人家的事没完没了，背后议论，搬弄是非。

侬勿要一日到夜辣外头张家长，李家短好哦？

辖个人勿灵个，欢喜张家长，李家短，侬讲讨厌哦？

b) 到啥山，斫啥柴(d凹 sa s哎 zok sa sa)：到哪儿要适应哪儿的环境做事。

侬勿要急得个，到啥山，斫啥柴，到了伊面再看好味！

到啥山，斫啥柴，侬现在去急伊做啥！

c) 侬客气，我福气(nong kak qi ngo fok qi)：你谦让，我正好接受。

已经来了，就放开肚皮吃，否则嘛侬客气，我福气咾。

到了我辖搭就要随便点，侬客气嘛我就福气了。

d) 乌勿三，白勿四(wu vak s哎 bak vak si)：(a) 不干净；(b) 颜色不分明。

辖件衣裳乌勿三，白勿四，真难看！

辖只颜色勿灵个，乌勿三，白勿四。

e) 洋勿洋,腔勿腔(y̱ang va_k y̱ang qiang va_k qiang):不伦不类。

㑚件衣裳着辣身浪向洋勿洋,腔勿腔。

㑚种洋勿洋,腔勿腔个衣裳少着着,怪煞了。

十三、休闲娱乐

(一)

甲：阿拉今朝辣豫园里兜兜,茶馆店里吃
　　ak lak jin z凹 lak yu y安 li d欧 d欧 so g安 di li qik

　　吃茶。
　　qik so

乙：现在新茶上市哝,俉吃啥个茶啊?
　　yi z哎 xin so sang si l哎 na qik sa gak so a

甲：吃龙井,是正宗个杭州龙井村个
　　qik long jin si zen zong gak hang z欧 long jin cen gak

　　茶叶。
　　so yik

乙：现在行①吃云南个普洱茶哝,听讲可以
　　yi s哎 hang qik yun n安 gak pu er so l哎 tin gang ku yi

　　减肥个。
　　g哎 vi gak

甲：明朝我约两个人到斜对过个茶坊去,
　　min z凹 ngo yak liang gak nin d凹 qia d哎 gu gak so fang qi

　　侬去哦?
　　nong qi va

乙：好个呀,侬还约了啥人啦?
　　h凹 gak ya nong 哎 yak lak sa nin la

147

甲：约了老白、绍兴戏。四个人正好一桌。
yak lak l凹 bak s凹 xin xi si gak nin zen h凹 yik zok

乙：牌瘾 忘记脱带得去。
ba vi凹 mang ji tak da dak qi

注释：
① 行：流行。

(二)

甲：哎,阿拉到斜对过个咖啡馆去坐脱一歇好
哎 ak lak d凹 qia d哎 gu gak ka fi g安 qi su tak yik xik h凹

勿啦？
vak la

乙：侬走得吃力煞脱啦？
nong z欧 dak qik lik sak tak la

甲：恩,脚有眼痛,坐脱一歇再走好咪。
en jiak y欧 ng哎 tong su tak yik xik z哎 z欧 h凹 l哎

乙：侬想吃啥个咖啡啊？
nong xiang qik sa gak ka fi a

甲：吃现磨个好咪。
qik yi mo gak h凹 l哎

乙：奶咖还是清咖,糖要摆哦？
na ka 哎 si qin ka dang y凹 ba va

(三)

甲：我　看　侬　搿　腔　里　精　神　好　来，面　色　老
　　ngo　k安　nong　gak　qiang　li　jin　sen　h凹　l哎　mi　sak　l凹

　　好　个　欧。
　　h凹　g欧

乙：是　哦，我　一　直　辣　辣　运　动　个　哎。
　　si　va　ngo　yik　sak　lak　lak　yun　dong　g哎

甲：真　个　啊，做　点　啥　个　运　动　啊？
　　zen　ga　zu　di　sa　gak　yun　dong　a

乙：诺，哑　铃　末　举　举，拉　力　器　末　拉　拉。
　　n凹　o　lin　mak　ju　ju　la　lik　qi　mak　la　la

甲：搿　是　辣　健　身　房　里　做　个，还　到　别　个　地　方
　　gak　si　lak　ji　sen　vang　li　zu　gak　哎　d凹　bik　gak　di　fang

　　去　哦？
　　qi　va

乙：去　个　噢，公　园　里　去　跑　跑　步，打　打　太　极　拳
　　qi　g凹　gong　yu安　li　qi　b凹　b凹　bu　dang　dang　ta　jik　ju安

　　老　啥。
　　l凹　sa

甲：搿　眼　侪　是　老　年　人　个　运　动。哎，侬　保　龄
　　gak　ng哎　s哎　si　l凹　ni　nin　gak　yun　dong　哎　nong　b凹　lin

　　球、乒　乓　球　打　哦？
　　ji欧　pin　pang　ji欧　dang　va

乙：打 个 噢。游 泳、滑 冰、跳 高、足 球、排 球 老 啥
　　dang g凹　y欧 yong huak bin ti凹 g凹 zok ji欧 ba ji欧 l凹 sa
我 侪 欢 喜 个。
ngo s哎 h安 xi gak

1. 词语扩充

着棋(zak ji)、象(xiang)棋、国际(gok ji)象棋、搓麻将(co mo jiang)、踢毽子(tik ji zi)、跳橡皮筋(ti凹 xiang bi jin)、翻跟斗(f哎 gen d欧)、竖蜻蜓(si qin din)、做广播操(zu guang bo c凹)、翻(f哎)麻将牌、拔河(bak hu)、滑胡梯(huak hu ti)、荡秋千(dang qi欧 qi)、拍皮球(pak bi ji欧)、顶弹(din d哎)子、打(dang)牌(ba)、篮(l哎)球、落袋(lok d哎)、扑克(pok kak)、桥(ji凹)牌、羽毛(yum凹)球、乒乓(pin pang)球、太极拳(ta jik ju安)、游泳(y欧 yong)、自由(si y欧)泳、蛙(o)泳、滑冰(huak bin)、体(ti)操、自由体操、鞍马(安 mo)、平衡木(bin hen mok)、高低杠(g凹 di gang)、单(d哎)杠、双(sang)杠、跳高(ti凹 g凹)、跳水(si)、跳远(yu安)、跨栏(ko l哎)。

水塘(si dang)、水氹(dang)、长江(sang gang)、黄河(huang hu)、黄浦(pu)江、苏州(su z欧)河、淀山湖(din s哎 hu)、太(ta)湖、西(xi)湖、湖浜(hu bang)、滨海(bin h哎)、东(dong)海、太平洋(ta bin yang)、南极(n安 jik)、北(bok)极。

2. 惯用语学习

跛子	眼力	外貌	魂魄	睡觉时沉重呼吸声
跷脚	**眼火**	**卖相**	**魂灵**	**昏涂**
qi凹 jiak	nga哎 fu	ma xiang	hun lin	hun du

哈欠	昏倒	犯傻	两相抵消	妓女
花险	**厥倒**	**发痴**	**揭幣**	**野鸡**
ho xi	juek d凹	fak ci	tak bi	ya ji

找借口	说话不兑现	平均分配付钱	挣额外的钱	有办法
借荫头	**开大兴**	**劈硬柴**	**捞外快**	**兜得转**
jia yin d欧	k哎 da xin	pik ngang sa	l凹 nga kua	d欧 dak z安

有交情	做善后工作	人站着不动	收支不平衡	耍花招
搭得够	**盖屁股**	**插蜡烛**	**轧勿平**	**摆噱头**
dak dak g欧	g哎 pi gu	cak lak zok	gak vak bin	ba xuek d欧

3. 侬晓得哦

(1) 动词重叠＋光、脱、好

表示希望迅速做完某种动作。脱：在动词后，相当于普通话的"掉"；光：在动词后，表示完了，更强调一点都不剩；好：在动词后，表示完成或达到完善的地步。

例如：

衣裳侬去汰汰好（脱、光）。

搿眼书侬去读读好。

搿眼肥皂先去用用脱。

天气冷了，侬拿衣裳着着好。

搿眼饭侬吃吃脱（光）。（不能用"好"）

搿眼饼侬侪去吃吃光（脱）。（不能用"好"）

搿眼纸头阿拉用脱（光），再去拆伊面一包。（不能用"好"）

搿封信侬去寄寄脱。（不能用"光、好"）。

跟牢录音去拿书读读好（脱）。（不能用"光"）

拿字写写好（脱）过来吃夜饭。（不能用"光"）

(2) 一V一V

表示动作缓慢地，间隔较长地一下一下连续。常用的可代 V 的有：飘、抖、记、次、趟、跳、动、甩、眨、摇、吸、伸，等等。例如：

搿个小人眼睛一眨一眨老好白相个。

小姑娘梳辫子好看，一甩一甩个邪气有味道哎。

侬就勿要一趟一趟跑哎，伊回转来我会得讲拨伊听个。

伊面只招财猫蛮好白相个，手臂把会得一摇一摇个。

侬哪能啦,一日到夜荡发荡发,啥事体也勿做啊?

(3) 上海话熟语解释

a) 盐瓶倒,醋瓶翻(yi bin d凹 cu bin f哎):家里乱成一团。

伊拉屋里向今朝是盐瓶倒,醋瓶翻,乱得一塌糊涂哎!
屋里哪能拨侬弄得盐瓶倒,醋瓶翻了啦!

b) 眼里疔,肉里疮(ng哎 li din nioκ li cang):恨到了极点。

伊看我是眼里疔,肉里疮,恨勿得快点死死脱。
我是伊个眼里疔,肉里疮呀!巴勿得我快点死死脱。

c) 得着风,便扯篷(daκ zaκ fong bi ca bong):(a) 得到点信息苗头就大做反应;(b) 一朝权在手,便马上行使权力。

搿眼人噢,得着风,便扯篷,晓得一眼眼事体就拼命做文章了。
现在个领导欢喜侬了,乃末侬就得着风,便扯篷哦!

d) 猪头肉,三勿精(zi d欧 nioκ s哎 vaκ jin):喻人本事不大。

侬认为伊来三啊?伊是猪头肉,三勿精,没啥本事个。
搿个人看上去像煞侪懂个。其实是猪头肉,三勿精啦。

e) 搓搓圆,捏捏扁(cu cu yu安 niκ niκ bi):任凭摆弄。

我辣屋里向没啥地位个,是拨家主婆搓搓圆,捏捏扁个呀!
我总归拨侬压辣下头,搓搓圆,捏捏扁侪可以对哦!

十四、谈论天气

(一)

甲：最近个天气哪能 桩 事体啊？
　　z安 jin gak ti qi na nen zang si ti a

乙：是个呀，没 碰 着过，实在是吃勿消伊。
　　si gak ya mak bang sak gu sak哎 si qik vak xi凹 yi

甲：听讲 明朝预报三十八度咾！
　　tin gang min z凹 yu b凹 s哎 sak bak du l哎

乙：是哦！葛快点去买两 只西瓜摆辣海。
　　si va gak kua di qi ma liang zak xi go ba lak h哎

甲：咸，防 防 暑。哎，上 海最高温度是几
　　h哎 bang bang si 哎 sang h哎 z安 g凹 wen du si ji

　　度啊？
　　du a

乙：一般三十二三度,老里八早① 三十七八度
　　yik b哎 s哎 sak ni s哎 du l凹 li bak z凹 s哎 sak qik bak du

　　老少个。
　　l凹 s凹 gak

甲：葛最近哪能会得热得介结棍② 个啦！
　　gak z安 jin na nen w哎 dak nik dak ga jik gun gak la

乙：弄勿 懂伊呀。老早③ 热个两 三天就会
　　long vak dong yi ya l凹 z凹 nik gak liang s哎 ti j欧 w哎

153

得 有 台 风 来 了。
dak y欧 d哎 fong l哎 lak

甲：瓣 腔 里④ 已 经 热 了 十 几 天 唻，天 天 太 阳
gak qiang li yi jin nik lak sak ji ti l哎 ti ti ta yang

老 老 大。
l凹 l凹 du

乙：是 个 呀，雨 勿 落 一 眼 眼，连 一 点 点 个 云 也
si gak ya yu vak lok yik ng哎 ng哎 li yik di di gak yun ha

没 个。
mak gak

甲：必过⑤ 瓣 两 天 个 空 气 质 量 倒 是 老 好
bik gu gak liang ti gak kong qi zak liang d凹 si l凹 h凹

个，天 老 蓝 个。
gak ti l凹 l哎 gak

乙：咸，阿 拉 已 经 长 远 勿 看 见 介 好 个 天 了。前
h哎 ak lak yi jin sang yu安 vak k安 ji ga h凹 gak ti lak xi

枪 侪 是 雾 霾 天。
qiang s哎 si hu ma ti

甲：天 再 热，现 在 有 得 空 调 也 勿 要 紧 了。
ti z哎 nik yi s哎 y欧 dak kong di凹 ha vak y凹 jin lak

注释：

①老里八早：以前。②结棍：厉害。③老早：以前。④瓣腔里：近来。⑤必过：不过。

(二)

甲：我 觉着 上海 个 春天 还是 蛮 适意 个。
　　ngo gok sak sang h哎 gak cen ti 哎 si m哎 sak yi gak

乙：还可以哦, 有 辰 光 风 还 蛮 大 个。
　　哎 ku yi va y欧 sen guang fong 哎 m哎 du gak

丙：黄 霉 天 勿 适意, 一直 落 雨, 身 浪 潮 叽叽①
　　huang m哎 ti vak sak yi yik sak lok yu sen lang s凹 ji ji

　　个, 邪 气 吼 势②。
　　gak xia qi h欧 si

甲：我 蛮 欢 喜 上 海 个 秋 天 个。
　　ngo m哎 h安 xi sang h哎 gak qi欧 ti gak

乙：秋 天 真 个 老 适 宜 个, 勿 冷 勿 热, 风 也
　　qi欧 ti zen gak l凹 sak yi gak vak lang vak nik fong ha

　　勿 大。
　　vak du

丙：哎, 上 海 个 冬 天 冷 哦?
　　哎 sang h哎 gak dong ti lang va

乙：冷 天 介 个 气 温 倒 是 勿 低, 就 是 潮 湿 勿
　　lang ti ga gak qi wen d凹 si vak di ji欧 si s凹 sak vak

　　过, 所 以 觉 着 老 冷 个。
　　gu su yi gok sak l凹 lang gak

甲：听 人 家 讲 冷 天 介③ 睏 辣 床 浪 好 像 被
　　tin nin ga gang lang ti ga kun lak sang lang h凹 xiang bi

155

头 是 湿 个 一 样。
d欧 si sak gak yik yang

乙：是 个 呀, 就 是 上 海 人, 辣 外 地 蹲 长 了④ 回
si gak ya ji欧 si sang h哎 nin lak nga di den sang lak hu哎

转 来 也 觉 着 邪 气 潮 个。
z安 l哎 ha gok sak xia qi s凹 gak

丙：空 调 只 好 一 直 开 辣 海。
kong di凹 zak h哎 yik sak k哎 lak h哎

乙：阿 拉 屋 里 有 地 暖 个, 比 空 调 适 意, 侬 啥
ak lak ok li y欧 di n安 gak bi kong di凹 sak yi nong sa

辰 光 来 体 验 体 验 呶。
sen guang l哎 ti ni ti ni n凹

注释：

①潮叽叽：潮湿。②吼势：难以名状的难受。③冷天介：冬天。④蹲长了：居住时间长了。

1. 词语扩充

太阳(ta yang)、月亮(yuek liang)、星(xin)星、流(li欧)星、北斗(bok d欧)星、雨(yu)、落(lok)雨、毛(m凹)毛雨、阵头(sen d欧)雨、暴(b凹)雨、雷(l哎)阵雨、打(dang)雷、霍险(hok xi)、雪(xik)、落(lok)雪、雨夹(gak)雪、结冰(jik bin)、冰雹(b哎)、起雾(qi hu)、台风(d哎 fong)、刮(guak)大风、黄梅天(huang m哎 ti)、倒(d凹)黄梅、虹(hong)、霜(sang)、露水(lu si)、潮(s凹)水、大潮汛(xin)、天河(ti hu)、晴(jin)天、阴势(yin si)天、乌云(wu yun)、寒潮(h安 s凹)、发大水(fak du si)。

四季(si ji)：立春(lik cen)[夏(ho)、秋(qi欧)、冬(dong)]、雨

水(yu si)、惊蛰(jin sak)、清明(qin min)、春(秋)分(fen)、谷雨(gok yu)、冬(夏)至(zi)、小满(m安)、芒种(mang zong)、小(大)暑(si)、处(ci)暑、白露(bak lu)、寒(h安)露、霜降(sang gang)、小(xi凹)[大(da)]雪(xik)、小(大)寒。开春(k哎 cen)、交节气(g凹 jik qi)、交春、夏天、热(nik)天、冬天、冷(lang)天。

2. 惯用语学习

结巴	烟鬼	傻瓜	做事过分顶真
楞子	**老枪**	**阿憨**	**腰头**
len zi	l凹 qiang	a gang	dok d欧

很愚蠢	无赖	无业游民	骂人话
寿头	**泼皮**	**瘪三**	**小贼**
s欧 d欧	pak bi	bik s哎	xi凹 sak

骂人话	外行	消遣	讨便宜
杀胚	**洋盘**	**解厌气**	**揩便宜**
sak p哎	yang b安	ga yi qi	tak bi ni

触到了心底的隐衷	顺人之意说话	不断地说	摆阔
触心旌	**摞顺毛**	**敲木鱼**	**撑场面**
cok xin jin	lu sen m凹	k凹 mok yu	cang sang mi

敲诈钱财	求情	干活拖拉	逃避人为的灾祸
敲竹杠	**磕响头**	**磨洋工**	**避风头**
k凹 zok gang	kak xiang d欧	mo yang gong	bi fong d欧

3. 侬晓得哦

(1) V发V发

表示动作时间长,有慢悠悠的意味。常用的可代V的有:荡、搓、敲、摸、想、寻、画、写、抖、唱、嗲、睏,等等。例如:

搿个字想勿起来了,不过想发想发就想出来了。

搿搭个墙壁老好敲个,钉子敲发敲发就敲进去了。

搿个字哪能介写忘记脱了,不过写发写发就写出来了。

小姑娘就是要嗲，嗲发嗲发再讨人欢喜。

(2) 上海话熟语解释

a) 吃素碰着月大(qik su bang sak yuek du)：形容做事不凑巧。

侬明朝来啊？乃末吃素碰着月大唻，我要出去个呀！
侬寻伊啊！吃素碰着月大，伊齐巧出去，勿辣海。

b) 烧香赶脱和尚(sɿ xiang gᴀn tak hu sang)：客逐主；后来者入主。

侬辣㬎搭无法无天，本事真大！烧香赶脱和尚。
㬎是我屋里呀！侬烧香赶脱和尚对哦！

c) 谢谢俉一家门(xia xia na yik ga men)：事情被人办糟时的埋怨。或对人表示讨厌、嗔怪。语气不太重。

侬还来帮我做事体啊？谢谢俉一家门噢，勿帮倒忙蛮好唻！
谢谢俉一家门噢，我再勿要侬来帮我做事体唻！

d) 崇明人拉阿爹(song min nin la a dia)：(a) 对质量差、事办得差的感叹；(b) 脑子活络，会占便宜。

㬎眼菜也没介难吃个，真是崇明人拉阿爹！
伊门槛勿要忑精噢，崇明人拉阿爹呀！

e) 哭出乌拉笑嘻嘻(kok cak wu la xiɿ xi xi)：(a) 哭笑不得的样子；(b) 又哭又笑的样子(多指小孩)。

侬做啥？哭出乌拉笑嘻嘻个样子。
㬎小人，刚刚还辣哭，一歇歇又笑唻！哭出乌拉笑嘻嘻好看啊！

十五、家居生活

(一)

母：妹头啊,介夜哦,明朝要去读书个,勿是礼
　　m哎 d欧 a ga ya l哎 min z凹 y凹 qi dok si gak vak si li

　　拜天。快点出来。
　　ba ti kua di cak l哎

女：做啥啦,人家辣辣上　网呀。侬　穷叫八
　　zu sa la nin ga lak lak sang mang ya nong jiong ji凹 bak

　　叫① 叫点啥啦!
　　ji凹　ji凹 di sa la

母：豪悚② 出来,揩揩面　孔,刷刷牙齿,用　水③,汏
　　h凹 s凹　cak l哎 ka ka mi kong sak sak nga ci yong si da

　　脚,准备　睏觉。
　　jiak zen b哎 kun g凹

母：揩面水辣煤气浪吊④辣海,侬　拿煤气关
　　ka mi si lak m哎 qi lang di凹 lak h哎 nong n哎 m哎 qi gu哎

　　脱,当　心水烫噢。
　　tak dang xin si tang 凹

女：热水器一开　就可以了,还要烧水,哪能介勿
　　nik si qi yik k哎 ji欧 ku yi lak 哎 y凹 s凹 si na nen ga vak

　　开通　啦!
　　k哎 tong la

母：热水器打开要放脱交关冷水,节约
　　nik si qi dang k哎 y凹 fang tak ji凹 gu哎 lang si jik yak

点 嘛。
di ma

女：好了，好了，晓 得 哦，侬 去 睏 觉 哦。明 朝 会。
h lak h lak xi dak l nong qi kun g va min z hu

注释：

① 穷叫八叫：形容拼命叫。② 豪惚：快点。③ 用水：指洗下身。
④ 吊：用小火煨着。

（二）

[朋友对话]

甲：我 明 朝 来，侬 烧 点 啥 物 事 拨 我 吃 吃 啊？
ngo min z l nong s di sa mak si bak ngo qik qik a

乙：侬 想 吃 点 啥 呢？
nong xiang qik di sa n

甲：葛 总 归 吃 㑚 上 海 人 个 小 菜 咯。
gak zong gu qik na sang h nin gak xi c l

乙：想 吃 上 海 个 本 帮 菜 啊？好 个 呀！我 烧
xiang qik sang h gak ben bang c a h gak ya ngo s

拨 侬 吃 吃 看。
bak nong qik qik k

甲：我 来 咪，菜 侪 烧 好 了 哦？
ngo l l c s s h lak va

乙：侪 烧 好 咪，来，侬 来 吃 吃 看。
s s h l l nong l qik qik k

160

甲：阿里只算是上海小菜啊？
　　ha li zak s安 si sang h哎 xi凹 c哎 a

乙：交关咪,喏,辂只葱油鲳鱼侬吃过哦？
　　ji凹 gu哎 l哎 n凹 gak zak cong y欧 cang ng nong qik gu va

甲：咸,辂只菜个味道搭一般车扁鱼①勿一
　　h哎 gak zak c哎 gak mi d凹 dak yik b安 co bi ng vak yik

　　样个。特别嫩,好吃个。
　　yang gak dak bik nen h凹 qik gak

乙：呃,辂只就叫"腌笃鲜"。
　　n凹 gak zak ji欧 ji凹 yi dok xi

甲：噢,是只汤啊。我来尝尝味道。
　　凹 si zak tang a ngo l哎 sang sang mi d凹

乙：慢点,当心烫。
　　m哎 di dang xin tang

甲：喔唷哇啦②,哪能介烫个啦！看看没啥热
　　ok yok wa la na nen ga tang gak la k安 k安 mak sa nik

　　气个嘛！
　　qi gak ma

乙：咸,上当了哦！叫也来勿及。
　　h哎 sang dang lak va ji凹 ha l哎 vak jik

注释：
　　① 车扁鱼：鲳鱼。② 喔唷哇啦：疼痛时发出的声音。

1. 词语扩充

石库门(sak ku men)、前(xi)门、后(h欧)门、房间(vang g哎)、亭子(din zi)间、厢房(xiang vang)间、客堂(kak dang)间、灶披(z凹 pi)间、卧室(ngu sak)、书(si)房间、厨(si)房间、卫生(hu sen)间、天井(ti jin)、晒台(so d哎)、阳(yang)台、客厅(kak tin)、饭(v哎)厅、沙发(so fak)、靠背椅(k凹 b哎 yi)、写字台(xia si d哎)、夜壶箱(ya hu xiang)、茶几(so ji)、大橱(du si)、五斗(ng d欧)橱、眠床(mi sang)、台子(d哎 zi)、矮凳(a den)、面盆(mi ben)、台(d哎)盆、马桶(mo dong)、抽水(c欧 si)马桶、浴缸(yok gang)、淋浴房(lin yuek vang)、浴(yok)巾、浴帽(m凹)、浴衣(yi)、杯子(b哎 zi)、香肥皂(xiang bi s凹)、牙膏(nga g凹)、牙刷(sak)、洗(xi)面奶(na)、面油(y欧)、靠垫(k凹 di)、窗帘布(cang li bu)、席子(xik zi)、床罩(sang z凹)、枕(zen)头、抱(b哎)枕、被单(bi d哎)、被套(t凹)、被头(d欧)、垫(di)被、羊毛毯(yang m凹 t哎)、毛巾(m哎 jin)毯、丝绵(si mi)、羽绒(yu niong)、棉花胎(mi ho t哎)、卫生巾(jin)、毛巾、脚(jiak)盆、脚布(bu)。

2. 惯用语学习

缺少文化	举动慢的女人	不知好歹的人	游手好闲者
草包	**木太**	**蜡烛**	**宝货**
c凹 b凹	mok ta	lak zok	b凹 fu

没有用的人	詈语	詈语	不识货
饭桶	**赤佬**	**浮尸**	**屈死**
v哎 dong	cak l凹	v欧 si	quek xi

做事与人不同而使人不快	詈语	不理睬	赌输赢
怪胎	**瘟生**	**睬白眼**	**横输赢**
gua t哎	wen sen	c哎 bak ng哎	huang si yin

不断变换着装	比喻到处可用	比喻事情小	说话不兑现者
翻行头	**万金油**	**小儿科**	**王伯伯**
f哎 hang d欧	v哎 jin y欧	xi凹 er ku	huang bak bak

出主意、想花招	各种主意或办法	比喻熟悉	比喻人好说话
出花头	**花头劲**	**老面孔**	**好白话**
cak ho d欧	ho d欧 jin	l凹 mi kong	h凹 bak ho

3. 侬晓得哦

(1) V 来 V 去

表示动作的来去不停,也就是 V 过来 V 过去的意思。常用的可代 V 的有:跑、跳、想、听、唱、用、着、睏、等、写、画、开,等等。例如:

箇个人坐辣矮凳浪手脚勿停个,摇来摇去来得个忙。
一家头辣屋里写字,写来写去写勿好,真是急煞人。
我听来听去还是古典音乐好听,摇滚乐忒吵了。
我辣屋里等伊,等来等去等勿来,侬讲哪能办?

(2) 上海话的"把"

上海话里只有"把手""把握"的"把"。凡普通话"把字句"中的"把",上海方言都用"拿"(读作"no"或"n哑")。例如:

箇件衣裳侬拿伊拿转去,颜色、料作侪蛮好个,欢喜哦?
我已经拿物事侪准备好了,侬啥也勿要去买了。

不过,上海话更常用的是下面这种更为简洁的句式:

箇眼水果拨侬拿转去。
吃个物事我已经侪买好了。

(3) 上海话熟语解释

a) 船到桥头自会直(s安 d凹 ji凹 d欧 si w哑 sak):事情到了紧急的时候自然会有办法。

侬现在急没用场个,船到桥头自会直,到辰光再讲。
船到桥头自会直,到辰光自会得有办法个。

b) 黑笔落辣白纸浪(hak bik lok lak bak zi lang)：白纸黑字，无法抵赖或无法挽回了。

黑笔落辣白纸浪,侬想翻供已经勿来三了。

搿眼闲话侪是侬讲个,黑笔落辣白纸浪,赖勿脱了。

c) 额角头碰着天花板(ngak gok d欧 bang sak ti ho b哎)：指运气极好。

今朝老板拨我五千块奖金,我是额骨头碰到天花板哦!

额骨头碰到天花板,叫我马上到美国去进修三个月。

d) 指牢和尚骂贼秃(zi l凹 hu sang mo sak tok)：指桑骂槐。

侬要讲就好好叫讲,勿要指牢和尚骂贼秃好哦?

伊拉娘想骂新妇,勿好意思骂,指牢和尚骂贼秃,就去骂囡儿哦!

e) 笑嘻嘻勿是好东西(xi凹 xi xi vak si h凹 dong xi)：面带笑容,心怀鬼胎,用于玩笑时。

侬介开心啊? 笑嘻嘻勿是好东西。

笑嘻嘻勿是好东西,一定是辣讲我坏闲话对哦。

十六、谈论电影戏剧

(一)

甲:最近 侬 看过 啥 电 影 哦?
z安 jin nong k安 gu sa di yin va

乙:长 远 勿 看 了,没 啥 个 电 影 好 看 呀!
sang yu安 vak k安 lak mak sa gak di yin h凹 k安 ya

甲:听 讲 有 只 外 国 电 影《钢 琴 课》勿 错,啥 辰
tin gang y欧 zak nga gok di yin gang jin ku vak co sa sen

　光 去 看 看 看 哦?
　guang qi k安 k安 k安 va

乙:买 张 DVD 来 看 看 末 好 咪。
ma zang di vi di l哎 k安 k安 mak h凹 l哎

甲:辣 辣 电 影 院 里 看 味 道 勿 一 样 个,音 响
lak lak di yin yu安 li k安 mi d凹 vak yik yang gak yin xiang

　效 果 好 得 多 咪。
　y凹 gu h凹 dak du l哎

(二)

甲:㑚 辣 屋 里 向 常 庄①看 电 视 哦?
na lak ok li xiang sang zang k安 di si va

乙:新 闻 是 每 天 看 个。电 视 剧 千 年 难 板②看,
xin ven si m哎 ti k安 gak di si jiak qi ni n哎 b哎 k安

　多 数 勿 看 个。
　du su vak k安 gak

165

甲：现在个纪实频道还勿错,可以看看个。
yi s哎 gak ji sak bin d凹 哎 vak co ku yi k安 k安 gak

乙：咸。中央台有眼节目也蛮好看个。
h哎 zong yang d哎 y欧 ng哎 jik mok ha m哎 h凹 k安 gak

注释：
① 常庄：常常。② 千年难板：形容非常少。

(三)

甲：侬到书店去啊?看看有好来坞电影《难
nong d凹 si di qi a k安 k安 y欧 h凹 l哎 wu di yin n哎

忘的时刻》DVD哦?
wang dik si kak di vi di va

乙：辩只电影好看啊?
gak zak di yin h凹 k安 a

甲：好得勿得了,好好叫比《坦特尼克号》好
h凹 dak vak dak li凹 h凹 h凹 ji凹 bi t哎 dak ni kak h凹 h凹

看哚。
k安 l哎

乙：是哦?好个呀,我去帮侬买张来。叫啥
si va h凹 gak ya ngo qi bang nong ma zang l哎 ji凹 sa

名字啊?再讲一遍。
min si a z哎 gang yik bi

甲：《难忘的时刻》,也叫《金石盟》,记牢了哦?
n哎 wang dik si kak ha ji凹 jin sak meng ji l凹 lak va

乙：记牢了,记牢了,侬 放 心 好 哎。
　　ji l凹 lak ji l凹 lak nong fang xin h凹 l哎

(四)

甲：我 老 老① 欢 喜 听 昆 曲 个哎,邪 气 雅,味 道 老
　　ngo l凹 l凹 h安 xi tin kun quek g哎 xia qi ya mi d凹 l凹

　　好 个。
　　h凹 gak

乙：是 个 呀,我 也 老 欢 喜 个,伊 伴 奏 用 笛 子 吹
　　si gak ya ngo ha l凹 h安 xi gak yi b安 z欧 yong dik zi ci

　　个,比 京 剧 好 听。
　　gak bi jin jiak h凹 tin

甲：京 剧 也 老 有 味 道 个 呀。
　　jin jiak ha l凹 y欧 mi d凹 gak ya

乙：忒 吵 了,京 胡 一 拉,锣 鼓 家 生② 一 敲,耳 朵 实
　　tak c凹 tak jin wu yik la lu gu ga sang yik k凹 ni du sak

　　在 受 勿 了。
　　z哎 s欧 vak li凹

甲：哎,佴 江 南 人 侪 欢 喜 听 越 剧 个 呀!
　　哎 na gang n安 nin s哎 h安 xi tin yuek jiak gak ya

乙：我 看 就 是 北 方 人 也 欢 喜 听 个,曲 调 多
　　ngo k安 ji欧 si bok fang nin ha h安 xi tin gak quek di凹 du

　　少 好 听 啊。
　　s凹 h凹 tin a

甲：是个呀，《红楼梦》刚刚开始重新放
　　si gak ya hong l欧 mong gang gang k哎 si song xin fang

　　个辰光，有多少人去看啊！
　　gak sen guang y欧 du s凹 nin qi k安 a

乙：咸，还有沪剧、评弹、独脚戏、滑稽戏老啥。地
　　h哎 哎 y欧 hu jiak bin d哎 dok jiak xi huak ji xi l凹 sa di

　　方艺术侪老好个。
　　fang ni sak s哎 l凹 h凹 gak

注释：
　　① 老老：非常。② 锣鼓家生：鼓、锣等各类打击乐。

1. 词语扩充

唱歌(cang gu)、民(min)歌、通俗歌曲(tong sok gu quek)、美声(m哎 sen)、调头(di凹 d欧)、音乐(yin yak)、高低(g凹 di)音、五线谱(ng xi pu)、简(ji)谱、舞蹈(hu d凹)、民族舞(min sok)、芭蕾(ba l哎)舞、独唱(dok cang)、合(hak)唱、小组(xi凹 zu)唱、说(sak)唱、说书(si)、京戏(jin xi)、绍兴(s凹 xin)戏、电视剧(di si jiak)、剧场(jiak sang)、舞台(hu d哎)。钢琴(gang jin)、竖(si)琴、电子(di zi)琴、风(fong)琴、手(s欧)风琴、大提(di)琴、中提琴、小提琴、低音(di yin)提琴、贝斯(b哎 si)、银笛(nin dik)、黑管(hak g安)、双簧(sang huang)管、小号(h凹)、圆(yu安)号、扬(yang)琴、琵琶(bi bo)、笛子(dik zi)、箫(xi凹)、二胡(ni hu)、古(gu)琴、古筝(zen)。

2. 惯用语学习

门路	骂人吃饭	磨蹭的样子	记号	运气
路道	**触祭**	**死腔**	**记认**	**运道**
lu d凹	cok ji	xi qiang	ji nin	yun d凹

两清了	生气	吃力	吝啬	阴险
塌皮	动气	衰疹	刮皮	阴世
tak bi	dong qi	sa du	guak bi	yin si

花招	额外的开销	胆小意志薄弱者	旁门邪道	卖弄风骚
花露水	外插花	软脚蟹	歪埭里	轻骨头
ho lu si	nga cak ho	nu 安 jiak ha	hua du li	qin guak d 欧

被首先开斩	赖在某处不走	棘手、吃重	事情做得不像样	下台的机会
垫刀头	烂屁股	真生活	喇叭腔	落场势
di d 凹 d 欧	l 哎 pi gu	zen sang huak	la ba qiang	lok sang si

3. 侬晓得哦

(1) ＡＡ＋叫(A 为形容词)

ＡＡ＋叫：意思为有点儿。主要有：好好叫、轻轻叫、细细叫、明明叫、偷偷叫、静静叫、慢慢叫、呆呆叫，等。例如：

介戆个人，侬好好叫比伊来三咪！

人家侪辣考试，㑚讲闲话轻轻叫好哦？

一家头辣屋里静静叫看看书。

慢慢叫、笃悠悠介写写字，老适意个。

明明叫是我对个，伊横对哦，硬劲讲我错了。

侬勿晓得啊，伊已经偷偷叫走脱咪！

侬乖乖叫搭我蹲辣㑚搭，勿要动。

侬今朝来啊，伊呆呆叫走开了。（呆：音 ng 哎。）

(2) 程度副词"蛮"＋Ａ

"蛮"和普通话的"挺"差不多。例如：

今朝蛮捂心个，伊拨了我交关钞票。

衣裳脱脱点，今朝蛮热个。

上了八节课，蛮吃力个。

㑚搭蛮闹猛个，商店也蛮多个。

(3) 上海话熟语解释

a) 叫化子勿留隔夜食(g凹 ho zi va_k li欧 ga_k ya sa_k)：吃光用尽，从无积余。

少吃点，明朝也可以吃个，勿要叫化子勿留隔夜食好哦？

搿个人搿能介吃法子，真是叫化子勿留隔夜食，明朝也好吃个呀！

b) 人心难防，鸭肫难剥(nin xin n哎 bang a_k zen n哎 bo_k)：害人之心难以防备。

侬哪能料得到伊会害人啊！搿就叫做人心难防、鸭肫难剥。

人心难防、鸭肫难剥，勿好搭人家讲真心闲话个。

c) 千穿万穿，马屁勿穿(qi c安 v哎 c安 mo pi va_k c安)：人总是喜欢听奉承的话。

多搭人家讲讲好闲话，记牢：千穿万穿，马屁勿穿。

多讲点好闲话总归勿错个。千穿万穿，马屁勿穿嘛！

d) 勿识相要吃辣货酱(va_k sa_k xiang y凹 qi_k la_k hu jiang)：警告对方若不知好歹将给颜色看。

侬当心点，闲话勿要瞎讲八讲，勿识相要吃辣货酱是哦！

勿识相要吃辣货酱，看到人家吵起来了末快点跑开。

e) 急惊风碰着慢郎中(ji_k jin fong bang sa_k m哎 lang zong)：办急事遇到了慢性子的人。

我急煞了，伊勿急，真是急惊风碰着慢郎中啦！

一根领带已经戴了一刻钟哓！急惊风碰着个慢郎中，我是一点办法也呒没。

十七、讨价还价

甲：先 生，搿 件 着 辣 一 定 好，侬 身 材 好，卖
　　xi sang, gak ji zak lak yik din h凹 nong sen s哎 h凹 ma

　　相① 好，试 试 看 哦。
　　xiang h凹 si si k安 va

乙：看 是 蛮 好 看 个，一 百 八 十 块 忒 贵 唻，阿 拉
　　k安 si m哎 h凹 k安 gak yik bak bak sak ku哎 tak ju l哎 ak lak

　　买 勿 起 个。
　　ma vak qi gak

甲：今 朝 第 一 笔 生 意，让 脱 眼，侬 看 哪 能？
　　jin z凹 di yik bik sang yi niang tak ng哎 nong k安 na nen

乙：葛 末 侬 讲 让 脱 几 钿？
　　gak mak nong gang niang tak ji di

甲：侬 先 着 着 看，看 看 感 觉 哪 能 介？来，试 试
　　nong xi zak zak k安 k安 k安 g安 juek na nen ga l哎 si si

　　搿 件 呶。
　　gak ji n凹

甲：像 煞 搭 侬 先 生 定 做 个 一 样。搿 只
　　xiang sak dak nong xi sang din zu gak yik yang gak zak

　　颜 色 勿 要 忒② 好 噢！
　　ng哎 sak vak y凹 tak h凹 凹

乙：伊 面 只 颜 色 呢？我 看 看 还 是 伊 只 颜 色
　　yi mi zak ng哎 sak n哎 ngo k安 k安 哎 si yi zak ng哎 sak

好。蟹壳青个。
h凹 ha kok qin gak

甲：好个呀,侬 也 试 试 看 好 唻,辫 只 颜 色 现 在
h凹 gak ya nong ha si si k安 h凹 l哎 gak zak ng哎 sak yi s哎

是 邪 气 流 行 个。
si xia qi li欧 yin gak

乙：还 是 蟹 壳 青 个 好。
哎 si ha kok qin gak h凹

甲：我 看 侬 随 便 着 阿 里 只 颜 色 侪 好 看 个。
ngo k安 nong s安 bi zak ha li zak ng哎 sak s哎 h凹 k安 gak

卖 相 好 嘛。
ma xiang h凹 ma

乙：侬 讲 几 钿?
nong gang ji di

甲：勿 要 烦 了,阿 拉 爽 气③,一 百 五 十 块 好 哦?
vak y凹 v哎 lak ak lak sang qi yik bak ng sak ku哎 h凹 va

乙：忒 贵 了,我 嬷。
tak ju lak ngo vi凹

甲：还 贵 啊,葛 侬 讲 几 钿? 侬 讲 只 心 理 价
哎 ju a gak nong gang ji di nong gang zak xin li ga

位 看 看,好 做④ 就 拨 侬。
w哎 k安 k安 h凹 zu ji欧 bak nong

乙：我 看 末，一 百 块 差 勿 多。
　　ngo k安 mak yik bak ku哎 co vak du

甲：先 生 还 价 忒 会 还 咪，再 加 点 好 勿 啦？
　　xi sang hu哎 ga tak w哎 hu哎 l哎 z哎 ga di h凹 vak la

乙：葛 我 就 勿 要 了。
　　gak ngo ji欧 vak y凹 lak

甲：哎，侬 勿 要 走 呀，一 百 廿 块 拿 去，哪 能？
　　哎 nong vak y凹 z欧 ya yik bak ni哎 ku哎 n哎 qi na nen

乙：一 百 块 我 拿 了 跑⑤，多 一 分 洋 钿 我 也
　　yik bak ku哎 ngo n哎 lak b凹 du yik fen yang di ngo ha

勿 要。
vak y凹

甲：好 好 好，拨 侬 拨 侬，侬 去 柜 台 付 钞 票，
　　h凹 h凹 h凹 bak nong bak nong nong qi ju d哎 fu c凹 pi凹

我 搭 侬 包 起 来。
ngo dak nong b凹 qi l哎

乙：喏，账 单 拨 侬。
　　n凹 zang d哎 bak nong

甲：衣 裳 拿 好，再 来 噢，多 介 绍 介 绍 朋 友 过
　　yi sang n哎 h凹 z哎 l哎 凹 du jia s哎 jia s哎 bang y欧 gu

来。再 会 噢。
l哎 z哎 w哎 凹

173

注释:

① 卖相:外貌。② 勿要式:不要太……,近年来流行的句式。③ 爽气:爽快。④ 做:可以卖。⑤ 跑:走。

1. 词语扩充

牛肉(ni欧 niok)、羊(yang)肉、猪猡(zi lu)、猪心(xin)、腿(t哎)肉、勒条(lak di凹)、夹心(gak xin)、蹄膀(di pang)、脚爪(jiak z凹)、门腔(men qiang)、咸(h哎)肉、火腿、鸡(ji)、乌角(wu gok)鸡、童子(dong zi)鸡、鸡蛋(d哎)、蛋清(qin)、蛋黄(huang)、鸭(ak)、鸭蛋、皮(bi)蛋、咸蛋、鸭翅膀(ci bang)、鸭头颈(d欧 jin)、鸡鸭血(xuek)、白乌龟(bak wu ju)、鹌鹑(安 sen)、鸽子(gak zi)、带鱼(da ng)、黄(huang)鱼、车扁(co bi)鱼、鳜(gu哎)鱼、花鲤(ho li)鱼、胖头(pang d欧)鱼、白(bak)鱼、鲶(ni)鱼、蛤蜊(gak li)、螺蛳(lu si)、黄蚬(huang xi)、虾(ho)、白米(bak mi)虾、蟹(ha)、大闸(du sak)蟹、梭子(so zi)蟹、木耳(mok er)、白木耳、猴头菇(h欧 d欧 gu)、香(xiang)菇、金针菜(jin zen c哎)、白果(bak gu)。

2. 惯用语学习

发火	交友	没兴趣	姿态	吃的感觉
发格	**轧道**	**茄门**	**功架**	**吃口**
fak gak	gak d凹	ga men	gong ga	qik k欧

恶做	窗户	油滑、不老实	不如意	不三不四
恶揩	**窗门**	**滑头**	**硬伤**	**贼腔**
ok kak	cang men	huak d欧	ngang sang	sak qiang

主意糟糕	十分尴尬	件件都要插足	半夜精神好	不同
馊主意	**尴尬头**	**百有份**	**夜出世**	**两样生**
s欧 zi yi	g哎 ga d欧	bak y哎 ven	ya cak si	liang yang sang

做事会算计	有痛无法说出口	要求高	往事全翻出来	一下子吃进
门槛精	**凹门痛**	**眼界高**	**兜底翻**	**囫囵吞**
men k哎 jin	凹 men tong	ng哎 ga g凹	d欧 di f哎	huak len ten

3. 侬晓得哦

(1) A + 兮兮

意为有那么点儿,有些带贬义。主要有"红兮兮、痒兮兮、痛兮兮、戆兮兮、神经兮兮、阿胡兮兮、贼忒兮兮、十三点兮兮、下作兮兮、邋遢兮兮"等。例如:

侬做啥来花我痒兮兮啦,痒个呀!
针打进去痛兮兮个。
伊只面孔红兮兮个,好像搊了胭脂。
辪个女人十三点兮兮个,看到男人就痴头怪脑。
辪个人下作兮兮个,看到女人伊骨头来得个轻咪。
侬勿要神经兮兮,辪搭没人来,只有我一家头。
辪个人邋遢兮兮个,衣裳多少辰光勿汏啦?

(2) 老 + A

"老",相当于普通话的"十分"。例如:

早浪向老冷个,侬要多着点衣裳。
一家头辣辣屋里老闷个,出去跑跑老好个。
今朝我老勿适意个。
伊老吃力个,让伊多睏脱一歇。

(3) 邪气 + A

相当于普通话的"很、非常"。例如:

小张又要读书又要打工,邪气辛苦个。
着羽绒衣裳邪气暖热,冷天介坐辣电动车浪也勿怕冷了。
今朝邪气冷,衣裳要多着点。

(4) 上海话熟语解释

a) 万宝全书缺只角(v凹 b凹 xi si quek zak gok):没有完人,也没有完美的事。再有本事的人也会有不太懂的事情的。用来调侃

自以为什么都懂的人。

侬勿要看伊来三,万宝全书也会缺只角个。
万宝全书缺只角,勿要认为自家侪懂个。

b) 死要面子活受罪(xi y凹 mi zi huak s欧 s哎):爱表面的虚荣而自讨苦吃。

明明没啥钞票,硬劲装有铜钿,乃末死要面子活受罪了哦!
死要面子活受罪,没钞票就勿要去白相。

c) 小狗跌辣污坑里(xi凹 g欧 dik lak wu kang li):污坑:粪坑。比喻好吃东西多,可以尽兴吃。多用于对小孩言。调侃小孩子有很多喜欢吃的东西,来不及地往嘴里塞。

今朝个小菜侪对伊个胃口,只小鬼是小狗跌辣污坑里了。
伊拉儿子今朝是小狗跌辣污坑里了,介许多好吃个菜。

d) 有吃勿吃猪头三(y欧 qik vak qik zi d欧 s哎):在有吃的时候不吃是傻瓜。

有吃勿吃猪头三,快点吃呀,介许多菜勿吃做啥?
伊叫侬吃,侬就吃,有吃勿吃猪头三哦?

e) 会做新妇两面瞒(w哎 zu xin vu liang mi m安):称赞媳妇善于调停琐事,化解矛盾。

伊拉个老婆来三个,会做新妇两面瞒,阿婆邪气欢喜咪!
侬末要注意处理好家庭关系个呀,会做新妇两面瞒,晓得哦!

十八、美 容

(一)

甲：侬辫枪面色蛮好嘛,看上去老清
　　nong gak qiang mi sak m哎 h凹 ma k安 sang qi l凹 qin
　　爽个。
　　sang gak

乙：我一直辣美容院里清洁皮肤个。
　　ngo yik sak lak m哎 yong yu安 li qin jik bi fu gak

甲：做点啥?哪能做法啦?
　　zu di sa na nen zu fak la

乙：面孔按摩按摩,精油开开背。
　　mi kong 安 mo 安 mo jin y欧 k哎 k哎 b哎

甲：伊拉还有点啥个服务项目啦?
　　yi la 哎 y欧 di sa gak vok wu hang mok la

乙：还有汏脚,就是足底搭侬按摩按摩。
　　哎 y欧 da jiak ji欧 si zok di da nong 安 mo 安 mo

甲：足底按摩有啥个用场?
　　zok di 安 mo y欧 sa gak yong sang

乙：脚浪向有交关穴道,按摩按摩一定有
　　jiak lang xiang y欧 ji凹 gu哎 yuek d凹 安 mo 安 mo yik din y欧
　　好处个。
　　h凹 ci gak

甲：是哦？我 从 来 也 没 做 过。
si va ngo song l哎 ha mak zu gu

乙：去 试 试 看 嘛。
qi si si k安 ma

(二)

甲：侬 辣个 是 做 啥？足 底 按 摩 啊？
nong gak gak si zu sa zok di 安 mo a

乙：是 个，来 试 试 看 嘛，第 一 趟 半 价。尝 尝 味
si gak l哎 si si k安 ma di yik tang b安 ga sang sang mi

道 哪 能？
d凹 na nen

甲：好 个 呀，我 今 朝 正 好 没 啥 事 体。
h凹 gak ya ngo jin z凹 zen h凹 mak sa si ti

乙：来，侬 先 拿 脚 摆 进 去，勿 要 怕 烫 噢。
l哎 nong xi n哎 jiak ba jin qi vak y凹 po tang 凹

甲：辣 个 是 啥 物 事，派 啥 用 场 个？
gak gak si sa mak si pa sa yong sang gak

乙：中 药 先 泡 泡 脚，活 络 活 络 筋 骨。好 了，
zong yak xi p凹 p凹 jiak huak lok huak lok jin guak h凹 lak

乃 阿 拉 开 始 哦。
n哎 ak lak k哎 si va

甲：喔 唷，老 痛 个 嘛！
ok yok l凹 tong gak ma

乙：侬 个 胃 勿 大 好 是 哦？
　　nong gak hu哎 vak da h凹 si va

甲：咸, 是 个 呀！侬 哪 能 晓 得 个 啦？
　　h哎 si gak ya nong na nen xi凹 dak gak la

乙：我 现 在 按 摩 个 穴 位 对 应 区 是 胃。
　　ngo yi s哎安 mo gak yuek hu哎 d哎 yin qu si hu哎

甲：喔 唷, 嗰 搭 也 痛 个。
　　ok yok gak dak ha tong gak

乙：嗰 个 是 肠 子, 侬 有 便 秘 个 对 哦？
　　gak gak si sang zi nong y欧 bi bi gak d哎 va

甲：对 个, 侬 侪 摸 得 出 来 个 啊？
　　d哎 gak nong s哎 mok dak cak l哎 ga

乙：经 常 做 做, 侬 嗰 眼 毛 病 侪 会 得 好 个。
　　jin sang zu zu nong gak ng哎 m凹 bin s哎 w哎 dak h凹 gak

甲：咸, 倒 真 个 蛮 适 意 个。以 后 有 空 了 我 就
　　h哎 d凹 zen gak m哎 sak yi gak yi h欧 y欧 kong lak ngo ji欧

来 做 做。
l哎 zu zu

1. 词语扩充

姓(xin)：胡(hu)、湖(hu)、吴(hu)、何(hu)；陈(sen)、成(sen)、程(sen)、郑(sen)、岑(sen)、颜(ng哎)、严(ni)、钱(xi)、徐(xi)；赵(s凹)、曹(s凹)、邵(s凹)。孙(sen)、沈(sen)、申(sen)、姜(jiang)、蒋(jiang)、江(gang)、贾(jia)、解(jia)、张(zang)，

章(zang)、常(sang)、盛(sang)、谈(d欧)、朱(zi)、资(zi)、李(li)、连(li)、刘(li欧)、柳(li欧)、罗(lu)、路(lu)、丁(din)、金(jin)、秦(jin)、林(lin)、凌(lin)、古(gu)、顾(gu)、路(lu)、陆(lok)、乐(lok)、龚(jiong)、高(g凹)、关(gu欧)、管(g安)、施(si)、史(si)、石(sak)、叶(yik)、洪(hong)、王(huang)、黄(huang)、汪(wang)。

省、地区名(sang di qu min)：广东(gung dong)、广西、福建(fok ji)、安徽(安 hu欧)、江(gang)西、湖北(hu bok)、河(hu)北、河南(n安)、湖南、云(yun)南、青海(qin h欧)、海南、山东(s欧 dong)、山西(xi)、陕(s安)西、重庆(song qin)、四川(si c安)、宁夏(nin ho)、辽宁(li凹 nin)、甘肃(g安 sok)、吉林(jik lin)、黑龙江(hak long gang)、内蒙古(n欧 mong gu)、西藏(xi sang)、新疆(xin jiang)、香港(xiang gang)、澳门(凹 men)、台湾(d欧 w欧)。

2. 惯用语学习

逃学	下笔	哨子	风筝	下棋
赖学	**笔头**	**叫扁**	**鹞子**	**着棋**
la hok	bik d欧	ji凹 bi	y凹 zi	zak ji

交往随意	服装	结婚	着凉	因失恋而精神错乱
百搭	**行头**	**喜事**	**着冷**	**花痴**
bak dak	hang d欧	xi si	sak lang	ho ci

什么都没有	转弯抹角	心中知晓	非常	声势很大做事
精打光	**弯弯绕**	**有数脉**	**臭要死**	**大勤共**
jin dang guang	w哎 w哎 ni凹	y欧 su mak	c欧 y凹 xi	du jin gong

不顾一切出头	假装	形容非常湿	跟着人乱说	做事不像样
硬出头	**假爷头**	**落落渧**	**瞎和调**	**勿入调**
ngang cak d欧	ga ya d欧	dak dak di	hak hu di凹	vak sak di凹

3. 侬晓得哦

(1) A＋来西

程度上更强些。主要有"挤来西、忙来西、臭来西、胖来西、木来西、戆来西、快来西、热来西、香来西、怪来西、腻心来西、要好来西、下作来西、好白相来西"等。例如：

车子浪人多来西个，邪气轧，大家要有礼貌。
㑚个人脾气怪来西个，一歇歇蛮开心个，一歇歇又发脾气唻。
小白兔好白相来西个，小朋友老欢喜个。
伊个人㑚好勿识，待伊好，伊也勿晓得个。

(2) A ＋煞

表示到了极点。主要有"闷、冷、吓、想、痛、烦、想、作孽、罪过、开心、讨厌、神气、厌气、适意"等。例如：

㑚个男人作孽煞了，钞票全部拨家主婆捏了手里向。
哪能介烦个啦，每日天来寻我，讨厌煞了。
一家头蹲了屋里，没人讲闲话个，厌气煞了。
㑚个人罪过煞了，一点自由也呒没个。

(3) 上海话熟语解释
a) 鸡蛋里向挑骨头(ji d_殿 li xiang ti_凹 gua_k d_欧)：硬找茬儿。

侬看看清爽，勿要鸡蛋里向挑骨头好哦？
已经做得蛮好唻！勿要再鸡蛋里向挑骨头唻！

b) 拉到篮里便是菜(la d_凹 l_殿 li bi si c_殿)：(a) 凑合，凑数；(b) 什么都是好的，什么都可以。只要是菜都可以拿到篮子里来。这里指人择偶时不加任何选择，只要是异性就可以。上海人买菜时常带一个竹篮子用以存放各类菜蔬。

寻男人末就是要拣拣个呀，哪能可以拉到篮里便是菜呢！
好好叫寻个人，勿好拉到篮里便是菜个呀。

c) 拍脱牙齿肚里咽(pa_k ta_k nga ci du li yi)：上当受骗后自己吞进，不告诉任何人。

拨人骗脱了 6 万多块，只好拍脱牙齿肚里咽。

181

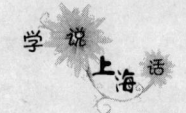

拨伊拉老公打一顿,只好拍脱牙齿肚里咽。

d) 瘌痢头儿子自家好(lak li d欧 ni zi si ga h凹):(a) 自己孩子再差也是好的;(b) 人都偏爱自己的事物。

明明勿灵个,因为是伊自家做个,就瘌痢头儿子自家好唻。

伊拉囡儿难看来西个,伊硬劲讲好看个,辣叫瘌痢头儿子自家好。

e) 羊毛出辣羊身浪(yang m凹 cak lak yang sen lang):花去的钱财可以从与之有关的地方得来。

广告做得介多,最后末羊毛出辣羊身浪,买个人倒霉呀!
知名度最重要,费用末羊毛出辣羊身浪咯!

十九、谈 论 股 票

(一)

甲：哎,听讲最近做股票蛮好个,是哦?
　　哎 tin gang z安 jin zu gu pi凹 m哎 h凹 gak si va

乙：是个呀,阿拉邻居进去五万块,三个号头
　　si gak ya ak lak lin ju jin qi ng v哎 ku哎 s哎 gak h凹 d欧

　　翻了一倍。侬想做啊?
　　f哎 lak yik b哎 nong xiang zu a

甲：喔唷,灵个呀!我从来也没做过,手续哪
　　ok yok lin gak ya ngo song l哎 ha mak zu gu s欧 sok na

　　能办啊?
　　nan b哎 a

乙：便当来西个,侬带好身份证,还有侬个
　　bi dang l哎 xi gak nong da h凹 sen ven zen 哎 y欧 nong gak

　　银行卡。
　　nin hang ka

甲：接下来呢?再做啥?
　　jik ho l哎 n哎 z哎 zu sa

乙：寻只证券公司门市部,伊面个前台会
　　xin zak zen qu安 gong si men si bu yi mi gak xi d哎 w哎

　　得指导侬个。
　　dak zi d凹 nong gak

183

甲：快哦？几日天可以办理好啊？郃能介就可
　　kua va　ji nik ti ku yi b哎 li h哎 a　gak nen ga ji欧 ku

　　以去炒啦？
　　yi qi c凹 la

乙：一般来讲要等三天。账号开通就可
　　yik b哎 l哎 gang y凹 den s哎 ti　zang h哎 k哎 tong ji欧 ku

　　以了。
　　yi lak

甲：炒股有几种办法啊？侬晓得哦？
　　c凹 gu y欧 ji zong b哎 fak a　nong xi凹 dak va

乙：有三种。第一种是通过电脑。辣辣电脑
　　y欧 s哎 zong　di yik zong si tong gu di n凹　lak lak di n凹

　　浪炒。
　　lang c凹

甲：假使勿会用电脑呢？电话操作可以哦？
　　jia si vak w哎 yong di n凹 n哎　di ho c凹 zok ku yi va

乙：第二种就是电话操作。看电视浪个行
　　di ni zong ji欧 si di ho c凹 zok k安 di si lang gak hang

　　情，打电话去交易。
　　jin dang di ho qi ji凹 yik

甲：还有哦？我看到交关人辣辣交易大厅里
　　哎 y欧 va ngo k安 d凹 ji凹 gu哎 nin lak lak ji凹 yik da tin li

　　向坐辣海个。
　　xiang su lak h哎 gak

184

乙：咸,第三 种 就 是 辣 交 易 大 厅 里 看 行 情,看
　　h哎 di s哎 zong ji欧 si lak ji凹 yik da tin li k安 hang jin k安

　　中 买 进,涨 了 卖 脱。
　　zong ma jin zang lak ma tak

甲：葛 倒 蛮 简 单 个 嘛！我 也 去 试 试 看。
　　gak d凹 m哎 ji d哎 gak ma ngo ha qi si si k安

(二)
甲：老 爷 叔,今 朝 个 行 情 哪 能 啦？
　　l凹 ya sok jin z凹 gak hang jin na nen la

乙：勿 灵,勿 灵,跌 脱 两 百 多 点 哚,乃 末 呒 没 戏
　　vak lin vak lin dik tak liang bak du di l哎 n哎 mak m mak xi

　　唱 了！
　　cang lak

甲：葛 末 侬 快 点 割 肉 跑 脱 末 算 哚！
　　gak mak nong kua di gak niok b凹 tak mak s安 l哎

乙：勿 来 三,勿 来 三,套 牢 只 好 套 牢,割 肉 侪 是
　　vak l哎 s哎 vak l哎 s哎 t凹 l凹 zak h凹 t凹 l凹 gak niok s哎 si

　　肉 里 分①,勿 舍 得 个。
　　niok li fen vak so dak gak

甲：我 看 侬 还 是 快 点 跑 哦,再 勿 跑 脱 套 得
　　ngo k安 nong 哎 si kua di b安 va z哎 vak b凹 tak t凹 dak

　　更 加 深 哚。
　　gen ga sen l哎

乙：等 等 看，看 看 明 朝 行 情，假 使 翻 红 了 末，
　　den den k安 k安 k安 min z凹 hang jin jia si f哎 hong lak mak

　　肉 好 少 割 脱 眼。
　　niok h凹 s凹 gak tak ng哎

甲：我 看 危 险 个，弄 得 勿 好 明 朝 还 要 跌
　　ngo k安 hu哎 xi gak long dak vak h凹 min z哎 y凹 dik

　　下 去。
　　ho qi

乙：阿！侬 勿 要 来 吓 我 噢！哎，侬 呒 没 拨 套
　　ha nong vak y凹 l哎 hak ngo 凹 哎 nong m mak bak t凹

　　牢 啊？
　　l凹 a

甲：葛 当 然，我 一 看 行 情 勿 来 三，豪 悾 跑 脱。
　　gak dang s安 ngo yik k安 hang jin vak l哎 s哎 h凹 s凹 b凹 tak

　　侬 看 哪 能？
　　nong k安 na nen

乙：侬 来 三 个，看 看 侬 年 纪 轻 来 西，倒 蛮 有
　　nong l哎 s哎 gak k安 k安 nong ni ji qin l哎 xi d凹 m哎 y欧

　　门 槛② 个 嘛。
　　men k哎 gak ma

注释：
　　① 肉里分：血汗钱。② 有门槛：很精明。

1. 词语扩充

市名(si min)、地(di)名：北京(bok jin)、天津(ti jin)、上海

(sang h哎)、重庆(song qin)、武汉(hu h安)、长沙(sang so)、长春(cen)、郑州(sen z欧)、兰(l哎)州、徐(xi)州、广(guang)州、深圳(sen zen)、成都(sen du)、西安(xi 安)、西宁(nin)、南(n安)宁、南昌(cang)、太原(ta nu安)、景德镇(jin dak zen)、昆明(kunmin)、厦门(ho men)、桂林(gu哎 lin)、大连(da li)、济南(ji n安)、青岛(qin d凹)、华山(ho s哎)、泰(ta)山、衡(hen)山、峨眉(ngu mi)山、黄(huang)山、九华(ji欧 ho)山、武夷(hu yi)山、武当(dang)山、曲阜(quek fu)、合肥(hak vi)、海口(h哎 k欧)、石家庄(sak ga zang)、哈尔滨(ha er bin)、乌鲁木齐(wu lu mok ji)、拉萨(la sa)、台北(d哎 bok)、台南(n安)、高雄(g凹 yong)。

2. 惯用语学习

难弄 **疙瘩** gak dak	脸红而发烫 **升火** sen fu	针灸 **金针** jin zen	畜生 **众牲** zong sang	倒卖票子者 **黄牛** huang ni欧
老鼠 **老虫** l凹 song	蜈蚣 **百脚** bak jiak	蛮横作对 **横对** wang d哎	合伙者 **搭子** dak zi	轮子 **轮盘** len b安
豁出去 **横竖横** huang si huang	围着转 **头头转** d欧 d欧 z安	两头受气 **吃夹档** qik gak dang	走着瞧 **有老爷** y欧 l凹 ya	拼合 **拼拢来** pin long l哎
何事都有份 **百有份** bak y欧 ven	合不来 **轧勿拢** gak vak long	骂人举动异常 **发神经** fak sen jin	话筒 **麦克风** mak kak fong	重复说话 **炒冷饭** c凹 lang v哎

3. 侬晓得哦

(1) 瞎(赫)

表示"非常、极"的意思。如今上海人一般都会使用这个形容词,但这个词在初起时却是某类特殊人群使用的。有种说法是从松江方言中引入的,是20世纪70年代初期下乡知青带入市区的,

具体已不可考。

这个词是在一些男女青年口中说出来的,这些人被称为"小流氓"或"赖三"(行为不检点的青年女性)的。一般人是避免使用的,倘若某人不小心使用了便会被他人觉得怪异:是否他也是那一类的人?随着时间推移,上海人逐渐认可了这个词,也就很自然地使用它了。在现今40岁以下人的口中人们常可听到这个词。但如果细心些你就会发现,50岁以上的中老年人是下意识避免使用的。

前阵子看到有反映20世纪三四十年代上海的影视作品,里面的人物对白也在使用这个"瞎",这就非常搞笑了,因为这是70年代初期才有的词语。

下面举例:

我身浪瞎痒,侬帮我搔伊好哦?
我今朝瞎想侬,侬想我哦?
辣部车子开得瞎快,一歇歇就勿看见了。
南京路、外滩赫闹猛,侪是个人。

(2) A 或 V+头势

主要用在动词或形容词后面,表示厉害的样子。比如:大、热、远、懒、吓、搞、香、想、忙、结棍、触气、邋遢、难过、作孽、适意、清爽,等。下面举例:

伊现在忙头势,到东到西上课,赚两钿真是勿容易。
热头势啊,大概热天介已经提前来了。
伊拉家主婆作头势啊,伊实在是吃勿消了。
辣个字小头势啊,微微一沰沰,看勿清爽。
辣个阿姨只公鸡胡咙难听头势啊。
今朝辣伊面碰着了勿想看到个人,尴尬头势。
车子浪看到一个人,难看头势!

(3) 上海话熟语解释

a) 狗眼乌珠看人低(g欧 ng哎 wu zi k安 nin di)：眼光势力，看不起人。

侬勿要狗眼乌珠看人低，伊实际浪蛮有一套个。

㑇个人认为伊勿来三个，其实是狗眼乌珠看人低啦！

b) 隔层肚皮隔重山(gak sen du bi gak song s哎)：(a) 非亲生，关系疏远；(b) 别人的心思无法了解。

隔层肚皮隔重山，人家心里想个事体侬会得晓得个啊！

人家心里想个事体侬又勿会晓得个，隔层肚皮隔重山呀！

c) 叫化子勿留隔夜食(g凹 ho zi vak li欧 gak ya sak)：吃光用光，从无积余。

侬啊，少吃点，明朝也好吃个呀！叫化子勿留隔夜食啊！

今朝有了钞票今朝就要光啊！叫化子勿留隔夜食哪能来三呢！

d) 强盗碰着贼爷爷(jiang d凹 bang sak sak ya ya)：(a) 强中自有强中手；(b) 黑吃黑。

侬看伊凶噢，今朝是强盗碰着贼爷爷哦！

强盗碰着贼爷爷，伊拨人家打了一顿，爬也爬勿起来了。

e) 临时上轿穿耳朵(lin si sang ji凹 c安 ni du)：形容临时抱佛脚。

明朝考试，今朝再穷看书，临时上轿穿耳朵，哪能来得及啊！

做随便啥事体侪要有安排，勿可以临时上轿穿耳朵个。

二十、学校教育

(一)

甲:赵 家 姆 妈,侬 到 阿 里 搭 去 啊?
　　s凹 ga m ma nong d凹 ha li dak qi a

乙:喔 唷,是 徐 家 伯 伯 啊,我 去 接 孙 囡 呀。
　　ok yok si xi ga bak bak a ngo qi jik sen n安 ya

甲:噢,伊 辣 辣 读 书 啦,还 小 辣 海 嘛!
　　凹 yi lak lak dok si la 哎 xi凹 lak h哎 ma

乙:是 呀! 刚 刚 进 幼 儿 园 呀,一 直 辣 吵,勿
　　si ya gang gang jin y欧 er yu安 ya yik sak lak c凹 vak

　　肯 去。
　　ken qi

甲:葛 是 要 去 个,勿 去 下 趟 读 书 要 跟 勿 上
　　gak si y凹 qi gak vak qi ho tang dok si y凹 gen vak sang

　　个 呀。
　　gak ya

乙:是 个 呀,现 在 幼 儿 园 里 教 个 物 事 就 老 深
　　si gak ya yi s哎 y欧 er yu安 li g凹 gak mak si ji欧 l凹 sen

　　个 唻。
　　gak l哎

(二)

甲:咦,侬 今 朝 哪 能 介 早 就 回 来 了 啦?
　　yi nong jin z凹 na nen ga z凹 ji欧 hu哎 l哎 lak la

乙：咸,拨儿子拉老师叫回来个呀,一定要我
　　h哎 bak ni zi la l凹 si ji凹 hu哎 l哎 gak ya yik din y凹 ngo

　　到学堂里去一埭。
　　d凹 hok dang li qi yik da

甲：侬儿子读几年级了啦?
　　na ni zi dok ji ni jik lak la

乙：五年级呀,辫小赤佬①惹气②得来,一日到夜
　　ng ni jik ya gak xi凹 cak l凹 sa qi dak l哎 yik nik d凹 ya

　　闯穷祸③。
　　cang jiong hu

甲：葛末伊拉爷④勿去啊?
　　gak mak yi la ya vak qi a

乙：伊啊,最好孬看到伊拉老师。
　　yi a z安 h凹 vi凹 k安 d凹 yi la l凹 si

注释:
　　① 赤佬:骂人话,但不厉害,有时还带有点喜爱味,常用来说丈夫或儿子。② 惹气:讨厌。③ 闯穷祸:闯祸。④ 爷:父亲的背称。

(三)

甲：侬现在大几啦?辣读啥个专业啊?
　　nong yi s哎 da ji la lak dok sa gak z安 nik a

乙：已经大两味。我读中文系个呀!
　　yi jin da liang l哎 ngo dok zong ven yi gak ya

甲：葛 老 灵 个 哎，天 天 看 小 说 书，老 有 味 道 个。
　　gak l凹 lin g哎 ti ti k安 xi凹 sak si l凹 y欧 mi d凹 gak

乙：侬 勿 晓 得，搞 小 说 研 究 也 是 老 烦 个。
　　nong vak xi凹 dak g凹 xi凹 sak ni ji欧 ha si l凹 v哎 gak

甲：葛 侬 欢 喜 研 究 啥 个 物 事 呢？
　　gak nong h安 xi ni ji欧 sa gak mak si n哎

乙：我 觉 着 文 学 末 欣 赏 是 好 个，但 是 研 究
　　ngo gok sak ven yak mak xin sang si h凹 gak d哎 si ni ji欧

　　语 言 更 加 有 劲。
　　nü yi gen ga y欧 jin

甲：侬 倒 讲 讲 看，哪 能 有 劲 啊？
　　nong d凹 gang gang k安 na nen y欧 jin a

乙：喏，比 方 讲，人 家 个 家，上 海 闲 话 读 ga，家
　　n凹 bi fang gang nin ga gak ga sang h哎 h哎 ho dok ga jia

　　庭 个 家 读 jia，晓 得 为 啥 哦？
　　din gak jia dok jia xi凹 dak hu哎 sa va

甲：喔 唷，葛 倒 真 个 勿 晓 得 嘛。为 啥 呢？
　　o yok gak d凹 zen gak vak xi凹 dak ma hu哎 sa n哎

乙：还 有，交 通 个 交 读 "焦"，我 交 拨 侬，要 读
　　哎 y欧 ji tong gak ji凹 dok ji凹 ngo g凹 bak nong y凹 dok

　　"高"，对 哦？啥 个 道 理？
　　g凹 d哎 va sa gak d凹 li

甲：咸,是个呀。辣是啥个道理啊?
　　h哎 si gak ya gak si sa gak d凹 li a

乙：学了语言就俨晓得了。今朝来勿及了,下
　　hok lak nü yi ji欧 s哎 xi凹 dak lak jin z凹 l哎 vak jik lak ho

　　趟　讲　拨　侬　听。
　　tang gang bak nong tin

1. 词语扩充

语文(nü ven)、英(yin)文、数学(su yak)、历史(lik si)、地理(di li)、政治(zen si)、常识(sang sak)、开学(k哎 hok)、放(fang)学、夜校(ya y凹)、备课(b哎 ku)、成绩(sen jik)、复习(fok xik)、预(yu)习、背课文(b哎 ku ven)、考试(k凹 si)、测验(cak ni)、期中(ji zong)、期末(mak)、及格(jik gak)、勿(vak)及格、开红灯(k哎 hong den)、毕业(bik nik)、教室(ji凹 sak)、讲台(gang d哎)、课桌椅(ku zok yi)、黑板(hak b哎)、黑板报(b哎)、放学(fang hok)、放假(ga)、寒(h安)假、暑(si)假、大扫除(da s凹 si)、扫帚(z欧)、扫地(di)、值日生(sak sak sen)、字纸篓(si zi l欧)、垃圾箱(la xi xiang)、揩布(ka bu)、揩台子(d哎 zi)、揩黑板、揩玻璃窗(bu li cang)、铅桶(k哎 dong)、木(mok)桶、拖地板(tu di b哎)、畚箕(ben ji)、畚斗(d欧)、拖畚(tu fen)、鸡毛掸子(ji m凹 d哎 zi)。

2. 惯用语学习

交朋友	过瘾	寻衅闹事	灵活	有把握
轧道	**煞根**	**上腔**	**活络**	**笃定**
gak d凹	sak gen	sang qiang	huak lok	dok din

吝啬	气压低而人不舒畅	昏倒	搬弄口舌	事情败露
刮皮	**吼势**	**厥倒**	**搬嘴**	**刮散**
guak bi	h欧 si	juek d凹	b安 zi	guak s哎

193

形容小意思	退回	发指示	大略估算	一下子
毛毛雨	打回票	发调头	毛估估	一枪头
m凹 m凹 yu	dang hu哎 pi凹	fak di凹 d欧	m凹 gu gu	yik qiang d欧

爱惜身体	蒙混过关	无可奈何	艰辛、够受	自食其言
保身价	混枪势	吃老酸	真生活	放白鸽
b凹 sen ga	hun qiang si	qik l凹 s安	zen sang huak	fang bak gak

3. 侬晓得哦

(1) A(得)来

比"蛮"的程度高。中间可以加个"得"。主要有"闷(得)来,热来,快来,响来,香来,凶来,冷来,吓来,痛、痒、吼势来、闹猛来、龌龊(得)来"。例如:

侬香(得)来,塌了交关香水对哦?
今朝天气闷(得)来,像煞要落雨了,老勿适意个。
侬凶来,哪能介凶个啦?人家拨侬吓煞哚!
炮仗响得来,小毛头吓得来哭来。

(2) A里A气,A头A脑,A头B脑

这些组合通常都是用于贬义的。主要有:

a) A里A气:妖里妖气、粗里粗气、寿里寿气、怪里怪气;

b) A头A脑:戆头戆脑、木头木脑、寿头寿脑、昏头昏脑、滑头滑脑、呆头呆脑、一头一脑、没头没脑、花头花脑、鬼头鬼脑、夹头夹脑;

c) A头B脑:痴头怪脑、犟头倔脑、油头滑脑、贼头狗脑、油头滑脑、连头搭脑、摇头甩脑。

例如:

搿个人打扮得怪里怪气,上头红衣裳,下头绿裤子。
人家老早就勿睬伊哚,伊戆头戆脑个天天等人家来。
讲了半半六十日伊也勿懂,阿是木头木脑个啊?

早浪向一起来就拨伊没头没脑骂一顿。
伊夹头夹脑拿我骂一顿,碰着赤佬了。
搿个人花头花脑老会得讲闲话个。
搿只女人痴头怪脑个,看到男人就来劲。
碰着油头滑脑个男人,老早就要吃伊豆腐咪!
搿女小人痴头怪脑,骨头轻来西个。
搿个人贼头狗脑个,勿是好物事。
大人讲闲话要听个!侬搿小人哪能老是犟头倔脑个。
搿股市拿伊连头搭脑全部套牢了。
搿只狗好白相个,看到我就摇头甩脑。

(3) 上海话熟语解释

a) 矮子里向拔长子(a zi li xiang ba̱k sang zi):差中挑选好的。

寻勿着好个呀,没办法,只好是矮子里向拔长子咾。
矮子里向拔长子。搿个人还可以。

b) 老虎头浪拍苍蝇(lɔ̱ fu ḏɤ lang pa̱k cang yin):形容胆子极大,虎口拔牙。

侬勿要去老虎头浪拍苍蝇,要拨伊骂煞个。
老虎头浪拍苍蝇,侬敢去惹伊个啊,要拿侬弄煞脱个。

c) 花好桃好样样好(ho hɔ ḏɔ ẖɤ yang yang hɔ):吹嘘什么都好。

伊拉太太啊,伊认为是花好桃好样样好,没缺点咪!
谈朋友个辰光是花好桃好样样好,结了婚就勿对了。

d) 碗底朝天只只空(a̱n di s̱ɤ ti za̱k za̱k kong):(a)全部吃完一点不剩;(b)形容贫困到了极点。

今朝个菜邪气对胃口,吃得碗底朝天只只空。

195

伊拉屋里是碗底朝天只只空个呀。

e) 霉头触到哈尔滨(m₍哎₎ d₍欧₎ cok d₍凹₎ ha er bin)：(a) 倒霉极了；(b) 挖苦到了极点。

伊今朝是霉头触到哈尔滨去了。莫名其妙拨人家骗脱毛七万块。

侬勿要触我霉头好哦！霉头触到哈尔滨咪！

二十一、买房子

甲：侬最近辣辣忙点啥啦?
　　nong z安 jin lak lak mang di sa la

乙：噢,我去买了套房子。
　　凹 ngo qi ma lak t凹 vang zi

甲：买好啦? 买辣阿里搭? 远哦?
　　ma h凹 la ma lak ha li dak yu安 va

乙：我买到浦东去咪,浦东空气蛮好个。
　　ngo ma d凹 pu dong qi l哎 pu dong kong qi m哎 h凹 gak

甲：是哦,辣浦东啥地方啊?
　　si va lak pu dong sa di fang a

乙：恩,辣辣陆家嘴附近,是套复式房。
　　en lak lak lok ga zi vu jin si t凹 fok sak vang

甲：葛老灵个哎。交通肯定老便当个。
　　gak l凹 lin g哎 ji凹 tong ken din l凹 bi dang gak

乙：交通蛮便当个。我出去上课也老方便个。
　　ji凹 tong m哎 bi dang gak ngo cak qi sang ku ha l凹 fang
　　bi gak

甲：有得几化大啊? 得房率高哦?
　　y欧 dak ji ho du a dak vang lik g凹 va

乙：蛮高个。一共有一百五十个平方。
　　m哎 g凹 gak yik gong y欧 yik bak ng sak gak bin fang

甲：蛮大个嘛。客厅大勿啦？
　　m哎 du gak ma kak tin du vak la

乙：还可以，有四十二个平方。外头还有只
　　哎 ku yi y欧 si sak ni gak bin fang nga d欧 哎 y欧 zak

　　阳台。
　　yang d哎

甲：书房应该有个哦？几化大啊？
　　si vang yin g哎 y欧 gak va ji ho du a

乙：有个，勿大，十五个平方。
　　y欧 gak vak du sak ng gak bin fang

甲：厨房间呢？几个平方啊？
　　si vang g哎 n哎 ji gak bin fang a

乙：八个平方，外头有只小阳台。
　　bak gak bin fang nga d欧 y欧 zak xi凹 yang d哎

甲：卫生间有几间？
　　hu哎 sen g哎 y欧 ji g哎

乙：两间。上头还有只三十平方个露台，
　　liang g哎 sang d欧 哎 y欧 zak s哎 sak bin fang gak lu d哎

　　是送个。
　　si song gak

甲：葛 是 老乐 惠 个哎。一共 几 钿 啊?
　　gak si l凹 lok hu哎 g哎　yik gong ji di a

乙：钞 票 蛮 结 棍 个,要 四 百 多 万 唻。
　　c凹 pi凹 m哎 jik gun gak y凹 si bak du v哎 l凹

甲：全 部 付 脱 啦?
　　xi bu fu tak la

乙：首 付 一 半, 公 积 金 贷 一 眼, 商 业 贷 款 再
　　s欧 fu yik b安 gong jik jin d哎 yik ng哎 sang nik d哎 k安 z哎

　　借 眼。
　　jia ng哎

甲：侬 来 三 个, 我 是 勿 敢 动。钞 票 没 了 老
　　nong l哎 s哎 gak ngo si vak g安 dong c凹 pi凹 mak lak l凹

　　了 哪 能 办 啊?
　　lak na nen b哎 a

乙：葛 侬 就 想 勿 穿 唻,人 生 一 世 也 要 享
　　gak nong ji欧 xiang vak c安 l哎 nin sen yik si ha y凹 xiang

　　受 享 受 个 呀。
　　s欧 xiang s欧 gak ya

1. 词语扩充

浙江(zak gang)：宁波(nin bok)、奉化(vong ho)、舟山(z欧 s哎)、绍兴(s凹 xin)、嘉(ga)兴、萧(xi凹)山、兰溪(l安 qi)、金华(jin ho)、义乌(ni wu)、杭州(hang z欧)、温(wen)州、湖(hu)州、台(t凹)州、同里(dong li)、乌镇(wu zen)、周庄(z欧 zang)、甪直(lok sak)、西塘(xi dang)、千岛湖(qi d凹 hu)、新安江(xin 安 gang)、莫

干山(mok g安 s哎)、雁荡(yi dang)山、普陀(pu du)山、四明(si min)山。

江苏(gang su)：苏州(su z欧)、木渎(mok dok)、东山(dongs哎)、昆(kun)山、常(sang)州、扬州(yang z欧)、无锡(hu xik)、宜兴(ni xin)、镇江(zen gang)、吴(hu)江、焦(ji凹)山、南京(n安 jin)、栖霞(qi ya)山、南通(n安 tong)、狼山(lang s哎)、江阴(gang yin)、江都(du)、盐城(yi sen)、海门(h哎 men)、启东(qi dong)。

2. 惯用语学习

詈语 **十三点** sak s哎 di	骂人是畜生 **猪头三** zi d欧 s哎	詈语 **王八蛋** huang bak d哎	屁，什么都没 **屁照镜** pi z凹 jin
架子、派头大 **腔势浓** qiang si niong	詈语死了 **弹老三** d哎 l凹 s哎	讥人很差 **呀呀胡** ya ya hu	骂人不要脸 **鸭屎臭** ak si c欧
很会纠缠 **搞头势** g凹 d欧 si	说话的话头 **话搭头** ho dak d欧	上辈子、永远 **前生前世** xi sang xi si	无额外收入 **清水光汤** qin si guang tang
糊里糊涂 **神志无主** sen zi hu zi	转弯抹角 **绕七绕八** ni凹 qik ni凹 bak	脸熟人不熟 **面熟陌生** mi sok mak sang	早起晚睡 **起早落夜** qi z凹 lok ya
令人恶心 **恶形恶状** ok yin ok sang	非常小气 **勒杀吊死** lak sak di凹 xi	哭丧着脸 **哭出乌拉** kok cak wu la	贼头贼脑 **贼头狗脑** sak d欧 g欧 n凹

3. 侬晓得哦

(1) A+得勿得了

形容非常。比如"吓、忙、冷、臭、戆、猛门、下作、奇怪、横对、好白相"等。看例句：

今朝我忙得勿得了,明朝再讲好哦？

戆得勿得了,介戆个人也去学钢琴咪。
明明是我对个,伊横对得勿得了,硬劲讲我错了。
勿晓得啥人放了只屁,臭得勿得了。

(2) A+得一塌糊涂
本义是极端糟糕,现虚指为"很"。例如:

搿个人忙得一塌糊涂,身体也要当心点个!
伊好得一塌糊涂,大家侪老欢喜伊个。
最近搿段辰光单位里事体多得一塌糊涂。

程度由低到高表示法:
有点——A兮兮——A——蛮A——A得来(交关A)——老A(邪气A)——非常A——赫A——顶A(A得勿得了)(A得一塌糊涂)

(3) 上海话熟语解释
a) 闷声勿响大发财(men sen va_k xiang da fa_k s_哎):不声不响得到很多东西。

股票大家侪拨套牢,伊一家头闷声勿响大发财噢!
侬勿要闷声勿响大发财,讲拨大家听听咪!

b) 嫁出囡儿泼出水(ga ca_k n_安 ng pa_k ca_k si):比喻事情已经不可挽回,或不再负有责任。

出门勿认账个,搿叫嫁出囡儿泼出水晓得哦!
嫁出囡儿泼出水,现在再去寻伊拉已经没用了。

c) 跳进黄浦汏勿清(ti_凹 jin huang pu da va_k qin):诬陷在身上的谣言清除不了。

搿桩事体我是跳进黄浦汏勿清,讲勿清爽了。
侪讲是我传出来个,我跳进黄浦也汏勿清了。

d) 拾着鸡毛当令箭(xi_k s_a_k ji m_凹 dang lin ji):把别人随便

说说的话当作重要的事情对待。

伊发闲话侬就拾着鸡毛当令箭啦！辂搭啥人讲了算啊！

侬拾着鸡毛当令箭做啥？伊讲个闲话勿作数个。

e) 好记性勿如烂笔头(h凹 ji xin vak si l哎 bik d欧)：记性再好不如用糟糕的字记录下来。

好记性勿如烂笔头，记得再清爽个事体辰光长了也会忘记脱个。

还是写眼下来好，辰光长要忘记脱个，好记性不如烂笔头。

二十二、电脑、上网

(一)

甲：听讲 侬 最近买了只手提电脑,要交关
　　tin gang nong z安 jin ma lak zak s欧 di di n凹 y凹 ji gu哎

　　钞 票 哦?
　　c凹 pi凹 va

乙：蛮贵个,八千块左右。
　　m哎 ju gak bak qi ku哎 zu y欧

甲：㑚屋里已经有电脑了,做啥再买手提
　　na ok li yi jin y欧 di n凹 lak zu sa z哎 ma s欧 di

　　个 啦?
　　gak la

乙：阿拉妹头读书邪气用 功,奖励伊个。
　　ak lak m哎 d欧 dok si xia qi yong gong jiang li yi gak

甲：侬勿怕伊老是 上 网去聊天、白相游
　　nong vak po yi l凹 si sang mang qi li凹 ti bak xiang y欧

　　戏 啊?
　　xi a

乙：我搭伊讲好个嚎,只好用来学习个。
　　ngo dak yi gang h凹 g凹 zak h凹 yong l哎 hok xik gak

甲：买来末就是伊狠咪,侬管得着个啊?
　　ma l哎 mak ji欧 si yi hen l哎 nong gu安 dak sak ga

203

乙：阿拉妹头勿欢喜打游戏个。
ak lak m哎 d欧 vak h安 xi dang y欧 xi gak

甲：葛末伊欢喜啥？
gak mak yi h安 xi sa

乙：欢喜看书呀。辣网浪向下载眼小说来看。
h安 xi k安 si ya lak mang lang xiang ho z哎 ng哎 xi凹 sak l哎 k安

(二)

甲：昨日子夜里向侬辣做啥？
zok nik zi ya li xiang nong lak zu sa

乙：我辣网浪向呀！哪能啦？
ngo lak mang lang xiang ya na nen la

甲：问问侬，没啥事体。辣聊天啊？聊了几个钟头？
men men nong mak sa si ti lak li凹 ti a li凹 lak ji gak zong d欧

乙：大概四五个钟头哦，现在是网络时代嘛！
da g哎 si ng gak zong d欧 va yi s哎 si huang lok si d哎 ma

甲：侬有空噢！聊天是最呒没意思个了，侪
nong y欧 kong 凹 li凹 ti si z安 m mak yi si gak lak s哎

辣 辣 瞎 讲。
lak lak hak gang

乙：侬 戆 来！我 又 呒 没 去 跟 陌 生 人
nong gang l哎 ngo y欧 m mak qi gen mak sang nin

瞎 讲。
hak gang

甲：葛 搭 啥 人 讲 啊
gak dak sa nin gang a

乙：搭 我 聊 天 个 侪 是 我 老 里 八 早 个 同
dak ngo li凹 ti gak s哎 si ngo l凹 li bak z凹 gak dong

学 呀！
hok ya

甲：做 啥，伊 拉 侪 没 事 体 做 啊？侪 退 休 啦？
zu sa yi la s哎 mak si ti zu a s哎 t哎 xi欧 la

乙：退 休 个 也 有。阿 拉 呒 没 辰 光 见 面，就 用
t哎 xi欧 gak ha y欧 ak lak m mak sen guang ji mi ji欧 yong

搿 个 方 法 联 络。
gak gak fang fak li lok

甲：葛 末 发 伊 妹 儿 也 可 以 个 呀。
gak mak fak yi m哎 er ha ku yi gak ya

乙：搿 能 介 就 没 交 流 个 感 觉 了。现 在 有 微
gak nen ga ji欧 mak ji凹 li欧 gak g安 juek lak yi s哎 y欧 vi

信 就 便 当 了。
xin ji欧 bi dang lak

甲：微信？啥叫微信？微信是啥个物事啊？
vi xin sa ji凹 vi xin vi xin si sa gak mak si a

乙：啊！侬连得微信也勿懂个啊？侬真是只
a nong li dak vi xin ha vak dong ga nong zen si zak

菜鸟！我要厥倒唻！
c哎 ni凹 ngo y凹 juek d凹 l哎

甲：菜鸟？啥叫菜鸟啊？
c哎 ni凹 sa ji凹 c哎 ni凹 a

乙：啊呀！笑煞脱人唻！侬哪能介戆个啦！
a ya xi凹 sak tak nin l哎 nong na nen ga gang gak la

懂勿懂网络啊？
dong vak dong huang lok a

甲：我真个勿懂呀，侬勿要笑我，教教我
ngo zen gak vak dong ya nong vak y凹 xi凹 ngo g凹 g凹 ngo

来三勿啦？
l哎 s哎 vak la

乙：葛好个，我教侬，侬以后一定要加我微
gak h凹 gak ngo g凹 nong nong yi h欧 yik din y凹 ga ngo vi

信个嚎！
xin g凹

1. 词语扩充

市区(si qu)：黄浦(huang pu)区、杨(yang)浦区、徐汇(xi hu哎)区、静安(jin 安)区、普陀(pu du)区、闸北(sak bok)区、虹口(hong k欧)区、长宁(sang nin)区、[南市(n安 si)区、卢湾(lu w哎)区]；郊县(ji凹 yu安)：崇明(song min)、长兴岛(sang xin d凹)、横沙

(huang so)岛、金山(jin s哎)、佘(so)山、松江(song gang)、方塔(fang tak)、醉白池(z凹 bak si)、奉贤(vong yi)、宝山(b凹 s哎)、七(qik)宝、川沙(c安 so)、嘉定(ga din)、南翔(n安 xiang)、南汇(hu哎)、新场(xin sang)、青浦(qin pu)、朱家角(zi ga gok)。

路名(lumin)：[淮海(hua h哎)、南京(n安 jin)、北(bok)京、西藏(xi sang)、陕西(s安 xi)、延安(yi安)、中山(zong s哎)、衡(hen)山、南昌(n安 cang)、思(si)南、重庆(song qin)、瑞金(s安 jin)、金陵(lin)、茂名(m凹 min)、复兴(vok xin)、黄陂(huang bi)、天目(ti mok)、四川(si c安)、甜爱(di哎)、七浦(qik pu)、河南(hu n安)、天潼(ti dong)、斜土(xia tu)、肇家浜(s凹 ga bang)、虹桥(hong ji凹)]路(lu)。

2. 惯用语学习

想要要不到	憋气	睡午觉	放出话来
别勿着	**气勿过**	**打中觉**	**出闲话**
bik vak sak	qi vak gu	dang zong g凹	cak h哎 ho

消受不了	调皮到极点	跳水自杀	争抢财产
行勿落	**皮拆天**	**投黄浦**	**抢家当**
hang vak lok	bi cak ti	d欧 huang pu	qiang ga dang

交情不够	碰巧了	装糊涂	路不平
搭勿够	**凿着发**	**假痴假呆**	**脚高脚低**
dak vak g欧	zok sak fak	ga ci ga ng哎	jiak g凹 jiak di

形容淡而无味	引人注目	汤中无油水	在旁添乱
淡洁刮辣	**弹眼落睛**	**清水光汤**	**搭手搭脚**
d哎 jik guak lak	d哎 ng哎 lok jin	qin si guang tang	dak s欧 dak jiak

纠缠不休	睡梦中刚醒	对他人稀罕物的否定	做不了硬做
搞七搞八	**睏痴梦懂**	**稀奇勿煞**	**硬吃硬做**
g凹 qik g凹 bak	kun ci mong dong	xi ji vak sak	ngang qik ngang zu

3. 侬晓得哦

（1）能愿词"好"

a）表示具备的能力或表示客观条件的具备：例如：

我好上交关课。
我订中华读书报个,好从里向得到交关材料。
伊好去上课了,备课备得蛮充分了。

b) 表示主观情理上的许可,表示必然的趋势。例如:

颜色还好再淡一眼。
搿件衣裳还好在长眼。
早浪向动身,夜里向就好到了。

c) 表示提出请求。例如:

乃我好走了哦,已经四点半咾!
好去咾,再勿去要迟到咾!

(2) 好+A
"好"加在动词素前构成形容词。有两种意思:
a) 表示"容易"。如"好做,好写,好用,好听,好吃饭"等。下面举例:

搿支笔好写,伊支笔字写勿出。
搿只生活好做,伊只难做。
搿只曲子好听,哀只听勿大懂。

b) 表示"有快意、喜欢"。比如有"好看,好吃,好白相"。

黄浦江两面现在越来越好看了,特别是夜里向。
搿个小人老好白相个,会得做眯眼个。
油焖笋好吃,腌笃鲜也好吃。

c) 可以作为结果唯补词,表示"完成""实现""结束"。

我今朝带仔朋友到处兜兜,现在伊拉白相好了。
搿本书写好了,还有一本书辣辣写。
菜我烧好了,随便㑚啥辰光吃。

由"好"组成的词还有"好过",舒服,感觉好;"好几",较多。

刚刚老勿适意个,现在好过多了。
伊面有好几个人辣辣讲闲话。

(3) 上海话熟语解释

a) 门槛精到九十六(men k哎 jin d凹 ji欧 sak lok):非常精明。

搿个人勿好搭讪个,门槛精到九十六。
伊门槛精到九十六,少搭伊交往。

b) 马屁拍辣马脚浪(mo pi pak lak mo jiak lang):拍马却适得其反。

来得欢喜拍马屁,搿趟是马屁拍辣马脚浪了。
伊勿吃搿一套个,侬勿要马屁拍辣马脚浪。

c) 毛头姑娘十八变(m凹 d欧 gu niang sak bak bi):姑娘长大越变越漂亮。

毛头姑娘十八变,搿姑娘越长越好看了。
小姑娘小辰光勿好看勿要紧个,毛头姑娘十八变嘛。

d) 勿是冤家勿碰头(vak si yu安 ga vak bang d欧):(a) 冤家路窄;(b) 不是情人聚不到一起。

两家头一直吵相骂,真叫勿是冤家勿碰头。
勿是冤家勿碰头,伊拉碰辣一道就要吵。

e) 冬瓜缠辣茄门里(dong go s安 lak ga men li):此事扯到彼事上,事情全搞错了。

冬瓜缠辣茄门里,倷倷搞错咪!
侬勿要冬瓜缠辣茄门里好哦!

二十三、洗　头

[小夫妻周末休息在家]

妻：哎①，侬　头　痒　哦？我　帮②　侬　汰　汰　头　好　哦？
　　哎　nong d欧 yang va ngo bang　nong da da d欧 h凹 va

夫：好个呀，我　个　头　是　痒　煞　了。喔唷，水　哪　能
　　h凹 gak ya ngo gak d欧 si yang sak lak ok yo si na nen

　　介　烫　个　啦！
　　ga tang gak la

妻：水　烫　点　末　适　意　呀，侬　戆　咪。
　　si tang di mak sak yi ya nong gang l哎

夫：忒　烫　咪，侬　辣　弄　松③　我　对　哦？
　　tak tang l哎 nong lak long song　ngo d哎 va

妻：好好好，葛　末　就　冷　一　眼。
　　h凹 h凹 h凹 gak mak ji欧 lang yik ng哎

夫：乃　末　忒　冷　咪。吃　勿　消　侬，好　了，我　孵　侬
　　n哎 mak tak lang l哎 qik vak xi凹 nong h凹 lak ngo vi凹 nong

　　汰　了。
　　da lak

妻：侬　哪　能　介　难　弄　个　啦，热　勿　好，冷　勿　好。乃
　　nong na nen ga l哎 long gak la nik vak h凹 lang vak h凹 n哎

　　好　了　哦？
　　h凹 lak va

210

夫：咸④，乃末真真好⑤。唔，蛮写意个。
h哎 n哎 mak zen zen h凹 m m哎 xia yi gak

妻：侬个头发有眼花白了，啥辰光去铐
nong gak d欧 fak y欧 ng哎 ho bak lak sa sen guang qi juek

铐油好哚。
juek y欧 h凹 l哎

夫：铐得墨出黑⑥，像戴顶黑帽子，难看哦？
juek dak mak cak hak xiang da din hak m凹 zi n哎 k安 va

妻：可以叫伊枪⑦眼咖啡色个呀，葛末就比
ku yi ji凹 yi qiang ng哎 ka fi sak gak ya gak mak ji欧 bi

较自然哚。
ji凹 si s安 l哎

夫：哎，我个头发忒长了哦？去剃脱眼好哦？
哎 ngo gak d欧 fak tak sang lak va qi ti tak ng哎 h凹 va

妻：勿要剃脱，现在行⑧长头发个。
vak y凹 ti tak yi s哎 hang sang d欧 fak gak

夫：哪能话头⑨？
na nen ho d欧

妻：人家男人家还梳小辫子哚。
nin ga n安 nin ga 哎 si xi凹 bi zi l哎

夫：侬勿要来吓我噢！
nong vak y凹 l哎 hak ngo 凹

妻：头 发 长 点 蛮 像 艺 术 家 个 嘛。
　　d凹 fak sang di m哎 xiang ni sak jia gak ma

夫：侬 勿 要 来 弄 松 我 噢? 拨 我 药 吃⑩ 啊！
　　nong vak y凹 l哎 long song ngo 凹 bak ngo yak qik a

妻：真 个 呀, 勿 骗 侬 个。好 了, 汏 好 了, 哪 能? 适
　　zen gak ya vak pi nong gak h凹 lak da h凹 lak na nen sak

　　意 哦?
　　yi va

夫：瞎 适 意, 哎, 再 帮 我 汏 汏 浴、擦 擦 背 脊 好
　　hak sak yi 哎 z哎 bang ngo da da yok cak cak b哎 jik h凹

　　勿 啦?
　　vak la

妻：好 个 呀, 必 过⑪ 明 朝 再 汏 好 哦? 今 朝 勿
　　h凹 gak ya bik gu min z凹 z哎 da h凹 va jin z凹 vak

　　汏 了。
　　da lak

夫：好 个, 葛 就 明 朝 汏 好 了。
　　h凹 gak gak ji欧 min z凹 da h凹 lak

妻：哎, 我 搭 侬 汏 得 介 适 意 末, 侬 哪 能 介
　　哎 ngo dak nong da dak ga sak yi mak nong na nen ga

　　奖 励 我 呢?
　　jiang li ngo n哎

夫：噢, 来 来 来, 让 我 好 好 叫 香⑫ 侬 几 记, 乃
　　凹 l哎 l哎 l哎 niang ngo h凹 h凹 ji凹 xiang nong ji ji n哎

　　好 了 哦?
　　h凹 lak va

注释：

① 哎：打招呼用语。② 帮：替。老派用"搭"，近来用"帮"的人越来越多。③ 弄松：捉弄。④ 咸：表示同意。⑤ 真真好：刚好。⑥ 墨出黑：漆黑如墨。⑦ 枪：夹杂。⑧ 行：流行。⑨ 哪能话头：怎么说。⑩ 拨我药吃：让我吃药。意为上当。⑪ 必过：不过。⑫ 香：亲吻。

1. 词语扩充

抽屉(c欧 ti)、镜子(jin zi)、钥匙(yak si)、电风扇(di fong s安)、扇子、电话(di ho)、电线(xi)、花瓶(ho bin)、罐头(g安 d欧)、热水(ni k si)瓶、热水袋(d哎)、汤婆子(tang bu zi)、吊(di凹)子、酒(ji欧)杯、马夹(mo gak)袋、袋袋、开关(k哎 gu哎)、插头(sak d欧)、插朴(pok)、朴落(lok)、插座(su)、节能灯(jik nen den)、灯头(den d欧)、灯罩(z凹)、灯座(su)、蜡烛(lak zok)、切菜刀(qik c哎 d凹)、锉刀(cu)、剪(ji)刀、水果(si gu)刀、砧墩板(zen den b哎)、筷箸笼(kua zi long)、漏斗(l欧 d哎)、拖线(tu xi)板、捻凿(ni sok)、扳手(b哎 s欧)、榔头(lang d欧)、老虎钳(l凹 fu ji)、钻(z安)子、锯(ga)子、洋钉(yang din)、雨衣、雨披、洋伞(yang s哎)、缩折(sok zak)伞、长柄(sang bin)洋伞、遮阳(zo yang)伞、哴衣裳竿(lang yi sang g安)、竹头(zok d欧)、丫杈(o co)头。

2. 惯用语学习

男不男女不女	装样	空空如也	转不过弯来
雌伏雄	**装胡羊**	**空落落**	**别勿转**
ci bu yong	zang hu yang	kong lok lok	bik vak z安

干爹	胖的人	身体较肥大	相貌丑陋
过房爷	**大阿福**	**柏油桶**	**丑八怪**
gu vang ya	du ak fok	bak y欧 dong	c欧 bak gua

迂腐的读书人	做事不彻底	一走了之	不满、吃惊、嘲笑
书腰头	**半吊子**	**拍拍屁股**	**阿爹拉娘**
si dok d欧	b安 di凹 zi	pak pak pi gu	ak dia la niang

想怪花样	嘲讽他人向人炫耀	拼了命的	努力工作挣钱
现出怪样	**卖样勿煞**	**穷兴穷下**	**爬死爬活**
yi cak gua yang	ma yang vak sak	jiong xin jiong ho	bo xi bo huak

形容困乏	相差一步	形容十分危险	不能兑现的许诺
昏头落眽	**前脚后脚**	**性命交关**	**空心汤团**
hun d欧 lok cong	xi jiak h欧 jiak	xin min ji凹 gu哎	kong xin tang d安

3. 侬晓得哦

(1) 能愿词"情愿"

a) 表示主观心愿：例如：

掰能辛苦，我情愿一辈子勿结婚。
我情愿吃力点，也勿要听人家闲话。

b) 表示主观上的希望、打算和意志上的要求。例如：

我情愿攒脱所有个物事跟侬去。
苦做苦个生活我也情愿去做个。

c) "情愿"有宁可，宁愿的意思。这时不能和"愿意"相通。例如：

要我去求伊，我情愿自家做。
我情愿到外地去，也嬷看伊面孔。

(2) "问"(men)

普通话用于引进动作对象的是"向"，凡是"向"和"问"通用的，上海话只能用"问"，不能用"向"。例如：

米吃没了，侬去问隔壁头讨眼好哦？
掰眼材料问啥人去要？图章问啥人去敲？

(3) "被""给"

上海话没有"被"字句，凡普通话用"被"的地方，上海话用

"拨"。例如:

饭侪拨我吃脱了。

拨只狗咬了一记,快点去打针。

伊搿个人老会得搞个,我拨伊搞得七荤八素。

走夜路最吓人个是狗,辣末生头一叫,魂灵也拨伊吓脱了。

上海话不用"给"(gei),凡普通话用"给"的地方,上海话都用"拨"。例如:

搿是领导交拨侬个任务。

十几年前头伊写了只歌拨我,邪气好听。

伊写仔勿少散文拨我,赫有味道。

搿年伊从香港回转来,送拨我根金项链。

以前在居民区有个"给水站"(jik si z㗒),就是水龙头集中在一个地方,家家户户如果要用水就都去那里付钱盛水。

(4) 上海话熟语解释

a) 公要馄饨婆要面(gong y㗒 hun den bu y㗒 mi):各有各的要求,无法都满足。难以应付。

两个头头是公要馄饨婆要面,阿拉小八辣子没方向了。

公要馄饨婆要面,我到底是听啥人好呢?

b) 皇帝勿急急太监(huang di vak jik jik ta g㗒):当事人不着急旁人空着急。

要侬介急做啥?皇帝勿急急太监啊!

伊个事体伊勿急,我急煞,真是皇帝勿急急太监啦!

c) 螺蛳壳里做道场(lu si kok li zu d㗒 sang):在局促地方做事情,手脚放不开。

阿拉屋里是螺蛳壳里做道场啦,小来西个。

侬勿要螺蛳壳里做道场唻,就到外头去吃末好唻!

d) 矮子肚里疙瘩多(a zi du li gaᵏ daᵏ du)：攻击矮个子人鬼点子多。

甲：伲个女婿勿长嘛！　　乙：矮子肚里疙瘩多，人聪明呀！矮子肚里疙瘩多，侬搭伊讲闲话要当心点。

e) 困梦头里笑嘻嘻(kun mang d_欧 li xi_凹 xi xi)：形容高兴、得意的样子。

伊今朝是困梦头里笑嘻嘻，开心煞了。

因儿寻了个富两代，伊是困梦头里也辣笑嘻嘻。

二十四、住饭店

甲：侬搿搭单人房间有哦？
　　nong gak dak d哎 nin vang g哎 y欧 va

乙：侪满了。哎，侬包间标房好咪。没差几
　　s哎 m安 lak 哎 nong b凹 g哎 bi凹 vang h凹 l哎 mak ca ji

　　钿呀！
　　di ya

甲：标房几钿啊？
　　bi凹 vang ji di a

乙：单人房一百六，标房两百块。
　　d哎 nin vang yik bak lok bi凹 vang liang bak ku哎

甲：噢，要多四十块咪！
　　凹 y凹 du si sak ku哎 l哎

乙：搭侬打点折好咪！九折，一百八十块，
　　dak nong dang di zak h凹 l哎 ji欧 zak yik bak bak sak ku哎

　　哪能？
　　na nen

甲：我要住两个礼拜咪，再便宜眼好哦？
　　ngo y凹 si liang gak li ba l哎 z哎 bi ni ng哎 h凹 va

乙：八五折，一百七十好哦，勿好再下来了噢。
　　bak ng zak yik bak qik sak k凹 va vak h凹 z哎 ho l哎 l凹

217

甲：好个。
　　h凹 gak

乙：箇 张 单 子 请 侬 填 一 填。
　　gak zang d哎 zi qin nong di yik di

甲：好了，拨 侬。
　　h凹 lak bak nong

乙：身 份 证 拨 我 核 对 一 下。好 了，请 侬 摆 好。
　　sen ven zen bak ngo hak d哎 yik xia h凹 lak qin nong ba h凹

甲：我 要 朝 南 个 房 间。
　　ngo y凹 s凹 n安 gak vang g哎

乙：可 以 个，请 侬 付 一 千 块 定 金 搭 仔 钥 匙 个
　　ku yi gak qin nong fu yik qi ku哎 din jin dak zi yak si gak
　　押 金。
　　ak jin

乙：箇 是 房 间 个 钥 匙，箇 是 收 据，退 房 个 辰
　　gak si vang g哎 gak yak si gak si s欧 ju t哎 vang gak sen
　　光 拨 我。
　　guang bak ngo

甲：辣 辣 十 八 楼 啊？
　　lak lak sak bak l欧 a

乙：对 个，电 梯 辣 辣 伊 面。行 李 等 一 歇 帮 侬
　　d哎 gak di ti lak lak yi mi hang li den yik xik bang nong

　　送　上来。
　　song sang l哎

甲：早饭是 送 个 哦？
　　z凹 v哎 si song gak va

乙：咸,包辣 房 钿里 向 了。
　　h哎 b凹 lak vang di li xiang lak

甲：啥 辰 光 可以 吃 饭 啦？
　　sa sen guang ku yi qik v哎 la

乙：随便 啥 辰 光 侪 好吃 个。
　　s安 bi sa sen guang s哎 h凹 qik gak

甲：小 姐,我 要 退 房。
　　xi凹 jia ngo y凹 t哎 vang

乙：好 个,请 侬 拿 收 据 拨 我。
　　h凹 gak qin nong n哎 s欧 ju bak ngo

甲：辩 是 收 据。
　　gak si s欧 ju

乙：请 侬 等 脱 一 歇。好了,发 票 拨 侬,可以 走
　　qin nong den tak yik xik h凹 lak fak pi凹 bak nong ku yi z欧

　　了,再 会。
　　lak z哎 hu哎

1. 词语扩充

点心(di xin)：糙饭(ci v哎)、糙饭糕(g凹)、烧卖(s凹 ma)、豆

219

腐浆(d欧 vu jiang)、锅贴(gu tik)、大(小)馄饨(hun den)、[高粱(g凹 liang)、高脚(jiak)、玉米(niok mi)、菜(c哎)、肉(niok)、生煎(sang ji)、小笼(xi凹 long)、枣泥(z凹 ni)、叉烧(cak s凹)、豆沙(d欧 so)、甜(di)、淡(d哎)]馒头(m安d欧)、饺子(ji凹 zi)、两面黄(liang mi huang)、泡饭(p凹 v哎)、菜(c哎)泡饭、酱蛋(jiang d哎)、茶叶(so yik)蛋、荷包(hu b凹)蛋、酱瓜(jiang go)、老卜头(l凹 bok d欧)、蟹糊(ha hu)、黄泥螺(ni lu)、糖醋排骨(dang cu ba guak)、糟脚爪(z凹 jiak z凹)、白斩鸡(bak z哎 ji)、白切羊肉(qik yang niok)、酱鸭(jiang ak)、酱牛(ni欧)肉、风鹅(fong ngu)、四鲜烤麸(si xi k凹 fu)、咸菜毛豆(m凹d欧)、海蜇头(h哎 sak d欧);粥(zok):菜粥、海鲜(h哎 xi)粥、八宝(bak b凹)粥、厚(h欧)粥烂饭(l哎 v哎)。

[炒(c凹)、冷(lang)、拌(b安)、咸菜肉丝(h哎 c哎 niok si)、牛肉(ni欧 niok)、鳝丝(s安 si)、大排(da ba)、爆鱼(b凹 ng)、素什锦(su sak jin)、阳春(yangcen)、汤(tang)、拌(b安)、冷(lang)]面(mi)。

2. 惯用语学习

一模一样	到处都是	一个人包下做完	统统、全部
一式势样	**一天世界**	**一手一脚**	**一塌刮子**
yik sak si yang	yik ti si ga	yik s哎 yik jiak	yik tak guak zi

一样的德行	一心一意	一点不缺	胡乱搞
一票货色	**一门心思**	**十十足足**	**七弄八弄**
yik pi凹 fu sak	yik men xin si	sak sak zok zok	qik long bak long

头昏脑涨、糊涂	古稀之年	饶人一回	有与众不同的能耐
七荤八素	**七老八十**	**放伊一码**	**另有一功**
qik hun bak su	qik l凹 bak sak	fang yi yik mo	lin y欧 yik gong

胡扯	假装不知	贼头贼脑	心中有数
七支八搭	**假痴假呆**	**贼忒兮兮**	**有数有脉**
qik zi bak dak	ga ci ga ng哎	sak ak xi xi	y欧 su y欧 mak

不伦不类	东倒西歪	吓死人	乱摸添麻烦
吃勿牢牵	**横七竖八**	**吓人倒怪**	**搭手搭脚**
qik vak l凹 qi	huang qik si bak	hak nin d凹 gua	dak s欧 dak jiak

3. 侬晓得哦

(1) 上海话的体助词——即行体"快"

上海话"快"的位置在动词的后面,与普通话很不相同。例如:

天亮快了,我要起来跑步了。

伊要走快了,我要去火车站送送伊。

菜烧好快了,侬拿物事理一理,准备吃饭。

我个糖吃光快了,又要去买了。

(2) 上海话的体助词——尝试体"看"

上海话"看"放在重叠动词后,表示尝试一下。例如:

搿只菜侬吃吃看,勿晓得咸淡差勿多哦。

搿件衣裳侬着着看好看哦。

搿只谜谜子个谜底是啥?我来猜猜看。

要试验试验看再晓得哪能介用。

(3) 上海话熟语解释

a) 聪明面孔笨肚肠(cong min mi kong ben du sang):模样英俊漂亮,实际上很笨,脑子不开窍。

侬只姑娘,长是长得蛮好看个,最好勿要是聪明面孔笨肚肠。

卖相当然要看个,最重要个是能力,聪明面孔笨肚肠就勿来三。

b) 隔夜饭也呕出来(ga_k ya v_哎 ha_欧 ca_k l_哎):使人难受、恶心。或憎恶到了极点。

夜里向老酒吃了忒多了,吐得一天世界,隔夜饭也呕出来了。

伊面个人老腻腥个,侬勿要去看,隔夜饭也要呕出来个。

c) 会捉老虫猫勿叫(w_哎 zo_k l_凹 song m_凹 va_k ji_凹):有能耐的人不嚷嚷,但事办得很成功。

侬当伊戆个啊!伊本事真大咪,搿叫会捉老虫个猫勿叫。

会捉老虫猫勿叫,侬勿要看伊闷来西个,门槛来得个精咪。

d) 刀切豆腐两面光(d凹 qik d欧 vu liang mi guang):各方面都讨好。

伊是刀切豆腐两面光,上下勿得罪人。
矮个人门槛勿要忒精噢,刀切豆腐两面光,到处侪做好人。

e) 掼侬三条横马路(gu哎 nong s哎 di凹 huang mo lu):比你好得多。

伊个卖相勿要忒好噢,掼侬三条横马路!
侬算来三个啊,伊好掼侬三条横马路哝!

二十五、爱情对话

甲：哎，侬觉着我辫个人哪能啊？
哎 nong gok sak ngo gak gak nin na nen a

乙：侬末，各个方面侪老好个咾，老来
nong mak gok gak fang mi s哎 l凹 h凹 gak l凹 l凹 l哎

三个哎。
s哎 g哎

甲：侬倒是讲讲看，哪能介好法啊。
nong d凹 si gang gang k安 na nen ga h凹 fak a

乙：喏，从外表看：卖相好，身材也老灵个。
n凹 song nga bi凹 k安 ma xiang h凹 sen s哎 ha l凹 lin gak

甲：还有哦？侬再讲。
哎 y欧 va nong z哎 gang

乙：字写得邪气漂亮，肚皮里有墨水个。
si xia dak xia qi pi凹 liang du bi li y欧 mak si gak

甲：没啦？再讲呢。
mak la z哎 gang n哎

乙：歌唱得好，还会得拉二胡、吹黑管、弹
gu cang dak h凹 哎 w哎 dak la ni hu ci hak g安 d哎

钢琴。
gang jin

甲：还有哦？侬再讲下去。
　　哎 y欧 va nong z哎 gang ho qi

乙：散文、诗侪写得好。
　　s哎 ven si s哎 xia dak h凹

甲：侬拿我讲得介好，葛末欢喜我勿啦？
　　nong n哎 ngo gang dak ga h凹 gak mak h安 xi ngo vak la

乙：讲句老吓人个闲话拨侬听，勿要笑我噢。
　　gang ju l凹 hak nin gak h哎 ho bak nong tin vak y凹 xi凹
　　ngo 凹

甲：好个，侬讲。
　　h凹 gak nong gang

乙：我老吃侬个咸，真个，我吃煞忒侬咪。但是……
　　ngo l凹 qik nong g哎 zen gak ngo qik sak tak nong l哎 d哎
　　si

甲：但是啥？侬闲话勿要只讲一半呀！
　　d哎 si sa nong h哎 ho vak y凹 zak gang yik b安 ya

乙：侬侪晓得个，也没啥讲头了。
　　nong s哎 xi凹 dak gak ha mak sa gang d欧 lak

甲：我勿晓得，我要侬讲下去。
　　ngo vak xi凹 dak ngo y凹 nong gang ho qi

乙：我 再 认 为 侬 来 三，侬 也 勿 会 要 我 个。
　　ngo z哎 nin w哎 nong l哎 s哎 nong ha vak hu哎 y凹 ngo gak

甲：葛 末，侬 讲 了 交 关 我，也 听 听 我 讲 侬
　　gak mak nong gang lak ji凹 gu哎 ngo ha tin tin ngo gang nong

　　好 哦？
　　h凹 va

乙：好 个，侬 讲 呀。
　　h凹 gak nong gang ya

甲：侬 老 聪 明，也 邪 气 能 干，人 善 良，气 质 特
　　nong l凹 cong min ha xia qi nen g安 nin s安 liang qi zak dak

　　别 好。
　　bik h凹

乙：啥 地 方 啦？侬 辣 瞎 讲 对 哦？
　　sa di fang la nong lak hak gang d哎 va

甲：比 侬 漂 亮 个 人 有 个，但 是 伊 拉 侪 没
　　bi nong pi凹 liang gak nin y欧 gak d哎 si yi la s哎 mak

　　侬 来 三……
　　nong l哎 s哎

乙：侬 勿 要 瞎 七 搭 八① 瞎 讲。
　　nong vak y凹 hak qik dak bak hak gang

甲：听 下 去 呀！比 侬 来 三 个 人 也 有 个，但 是 伊
　　tin ho qi ya bi nong l哎 s哎 gak nin ha y欧 gak d哎 si yi

　　拉 又 侪 没 侬 好 看。
　　la y欧 s哎 mak nong h凹 k安

乙：讲 得 像 真 个 一 样 个。
　　gang dak xiang zen gak yik yang gak

甲：是 真 个 呀, 所 以 侬 是 最 全 个。我 老 欢 喜
　　si zen gak ya su yi nong si z安 xi gak ngo l凹 h安 xi

　　侬 个 呀！嫁 拨 我 好 勿 啦！
　　nong gak ya ga bak ngo h凹 vak la

注释：
① 瞎七搭八：指乱说话。

1. 词语扩充

排骨年糕(ba gok ni g凹)、宁波汤团(nin bok tang d安)、芝麻(zi mo)汤团、豆沙(d欧 so)汤团、酒酿圆子(ji欧 niang yu安 zi)、扬州炒饭(yang z欧 c凹 v哎)、咸泡(h哎 p凹)饭、面包(mi b凹)、蛋糕(d哎 g凹)、蛋卷(ju安)、哈斗(ha d欧)、蝴蝶酥(hu dik su)、杏仁(hang nin)酥、饼干(bin g安)、南瓜(n安 go)饼、麻球(mo ji欧)、赤豆糕(cak d欧 g凹)、条头(di凹 d欧)糕、糖(dang)糕、年糕、糍饭(ci v哎)糕、松(song)糕、八宝(bak b凹)饭、油墩子(y欧 den zi)、双酿团(sang niang d安)、老卜丝(l凹 bok si)饼、月(yuek)饼、羌(qiang)饼、葱油(cong y欧)饼、苔条梗(d哎 di凹 gang)、脆麻花(c哎 ma hua)。

2. 惯用语学习

一心一意	相差很远	非常难得	十分小气
一门心思	**大推大板**	**千年难板**	**小家败气**
yik men xin si	du t哎 du b哎	qi ni n哎 b哎	xi凹 ga ba qi

一直在想	飞快地长大	虚肿得厉害	不伦不类
日思夜想	**日长夜大**	**五海六肿**	**勿三勿四**
nik si ya xiang	nik zang ya du	ng h哎 lok zong	vak s哎 vak si

手臂挽着、形容亲热	归根结底	随意乱丢	凹凸不平、鼓鼓的
勾肩搭背	**为来为去**	**东丢西掼**	**凸出凸进**
g欧 ji dak b哎	hu哎 l哎 hu哎 qi	dong dok xi gu哎	dak cak dak jin
有与众不同的工夫	形容用很长时间	动作笨拙,下手重	动歪脑筋
另有一功	**半半日日**	**重手重脚**	**出精出怪**
lin y欧 yik gong	b安 b安 nik nik	song s欧 song jiak	cak jin cak gua
卖老、学大人样	搬弄是非	不死不活、爱理不理	眼花缭乱
老三老四	**夹嘴夹舌**	**死样怪气**	**眼花绿花**
l凹 s哎 l凹 si	gak zi gak sak	xi yang gua qi	ng哎 ho lok ho

3. 侬晓得哦

(1) 辣、辣辣

a) 相当于普通话的"在",也可以用"辣海"。比如:

侬辣屋里向哦?

我辣辣黑板浪写字。

b) 表示"在那儿"。也可以用"辣海"。比如:

伊是自家辣要生毛病呀!

搿眼物事我自家辣海吃,蛮好个。

c) 表示进行体。也可以用"辣海"。比如:

阿拉女朋友辣辣走过来。

我辣海吃饭个辰光伊来了。

d) 相当于普通话的"着"。也可以用"辣海"。比如:

坐辣辣比立辣辣适意。

电脑学好辣海总归派得着用场个。

注意:以下的这些用法是普通话里没有的。

a) 句末语气词,表示存在的语气。也可以用"辣海":

台子浪有得交关龌龊辣辣。

伊买仔交关物事辣海。

b) 表示延长的语气。也可以用"辣海":

伊勿睬我辣辣。

今朝老开心辣海。

c) 用于加重语气。也可以用"辣海":

小菜烧辣辣,等歇吃。

明朝还要到苏州去辣海。

外国传教士写的上海话书里用字是"垃拉",赵元任先生《现代吴语的研究》里写的是"辣";我们这里采用赵先生的写法。

(2) 辣海

a) 表示状态的语气。不能用辣辣。

汗衫拖出辣海。

伊接勿着人,心里急煞辣海。

b) 表示事先已经准备或做完了某事。不能用辣辣:

热水瓶里水满辣海。

饭菜我侪烧辣海。

c) 用于叙述过程,加重事件发生、进行完成的语气。不能用辣辣:

伊等我辣海。

伊最近没空辣海。

d) 可作祈使命令用。不能用辣辣:

侬搭我坐辣海,勿许动!

困辣海,勿好起来!

以上这些用法也是普通话里没有的。

辣海又读作"勒海"、"来海"或"来"(合音)。"勒"和"辣"主要是开口度的大小区别,勒,中间的元音是e,辣,中间的元音是a,开口度略有不同,这两个音现在年轻人已经混同了。

(3) 上海话熟语解释

a) 小铜勿去,大铜勿来(xi凹 di vak qi du di vak l哎):要有大的便宜,必须要先吃点小亏。

有种钞票省勿脱,只好用个。小铜勿去,大铜勿来。

小铜勿去,大铜勿来,该用个地方勿好省个。

b) 日有所思,夜有所梦(nik y欧 su si ya y欧 su mang):梦里的都是白天常想的事情。

日有所思,夜有所梦,日里想得忒多了。

昨日夜里做梦啦?日有所思,夜有所梦,做着点啥啦!

c) 旧个勿去,新个勿来(ji欧 gak vak qi xin gak vak l哎):(a) 东西损坏时的安慰话语;(b) 劝人丢去旧物。

破衣裳掼脱点,旧个勿去,新个勿来嘛!

旧个勿去,新个勿来,介破个衣裳还着辣身浪啊!

d) 头颈绝细,独想触祭(d欧 jin xik xi dok xiang cok ji):说人只想吃,吃个没完。触祭:吃,骂人话。

头颈绝细,独想触祭。侬吃了几个钟头啦?

挡小人头颈绝细,独想触祭。先做功课!

e) 会者勿难,难者勿会(hu哎 z哎 vak n哎 n哎 z哎 vak hu哎):会做不感到难,感到难的都不会做。

会者勿难,难者勿会,侬认为难个,伊做起来邪气便当个。

会者勿难,难者勿会,挡眼事体对伊来讲是毛毛雨。

二十六、何时再来

（恋人间交谈）

甲：我要走了，再勿去勿来事了。
ngo y 凹 z 欧 lak z 哎 vak qi vak l 哎 si lak

乙：侬啥辰光再来啊？
nong sa sen guang z 哎 l 哎 a

甲：我现在讲勿准。
ngo yi s 哎 gang vak zen

乙：葛我送送侬。
gak ngo song song nong

甲：勿要送了，我搭侬打电话。
vak y 凹 song lak ngo dak nong dang di ho

乙：走哦，勿要再讲了。我已经准备好了。
z 欧 va vak y 凹 z 哎 gang lak ngo yi jin zen b 哎 h 凹 lak

甲：侬讲讲看，箇两天过得开心哦？
nong gang gang k 安 gak liang ti gu dak k 哎 xin va

乙：侬看呢？侬应该看得出来个。
nong k 安 n 哎 nong yin g 哎 k 安 dak cak l 哎 gak

甲：箇两天侬面孔特别漂亮，面色好
gak liang ti nong mi kong dak bik pi 凹 liang mi sak h 凹

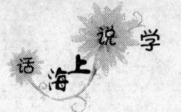

得 来。
dak 丨哎

乙：是 个,葛 末 侬 开 心 哦?
si gak gak mak nong k哎 xin va

甲：一 样 个 呀,我 也 老 开 心 个。
yik yang gak ya ngo ha 丨凹 k哎 xin gak

乙：侬 勿 好 忘 记 脱 我 个 噢!
nong vak h凹 mang ji tak ngo gak 凹

甲：侬 欢 喜 我 哪 能 搭 侬 联 系 啊?
nong h安 xi ngo na nen dak nong li xi a

乙：最 好 写 信,信 有 味 道,可 以 拿 出 来 看 看、
z安 h凹 xia xin xin y欧 mi d凹 ku yi n哎 cak 丨哎 k安 k安

想 想。
xiang xiang

甲：好 个,我 搭 侬 写 信。
h凹 gak ngo dak nong xia xin

乙：我 要 想 煞 脱 侬 个 哪 能 办 啦?
ngo y凹 xiang sak tak nong gak na nen b哎 la

甲：我 想 办 法 早 点 回 来。好 咪,侬 孂 哭
ngo xiang b哎 fak z凹 di hu哎 丨 h凹 丨哎 nong vi凹 kok

咪,噢!
丨哎 凹

231

乙：嫑嘛,我要侬讲最晏啥辰光回转来。
vi凹 ma ngo y凹 nong gang z安哎 sa sen guang hu哎 z安 l哎

甲：勿超过一个号头,好哦?
vak c凹 gu yik gak h凹 d欧 h凹 va

乙：事体假使办得快呢?
si ti jia si b哎 dak kua n哎

甲：两个礼拜,我尽量快点办,早点回来,
liang gak li ba ngo jin liang kua di b哎 z凹 di hu哎 l哎

好哦?
h凹 va

乙：好个,我等侬噢。
h凹 gak ngo den nong 凹

1. 词语扩充

美洲(m哎 z欧)、亚(ya)洲、非(fi)洲、澳(凹)洲、欧(欧)洲。国家(gok jia)：加拿大(ga na da)、美国、墨西哥(mok xi gu)、古巴(gu ba)、英(yin)国、德(dak)国、法(fak)国、芬兰(fen l哎)、荷(hu)兰、意大利(yi da li)、西班牙(xi b哎 nga)、葡萄(bu d凹)牙、土耳其(tu er ji)、瑞典(s安 di)、瑞士(si)、冰岛(bin d凹)、俄罗斯(ngulusi)、澳大利亚(da li ya)、新西兰(xin xi l哎)、沙特阿拉伯(so dak a la bak)、巴基斯坦(ba ji si t哎)、阿联酋(ak li ji欧)、阿曼(m哎)、南(n安)非、坦桑尼亚(t哎 sang ni ya)、毛里求斯(m哎 li ji欧 si)、日本(sak ben)、朝鲜(s凹 xi)、韩国(h安 gok)、泰(ta)国、新加坡(xin ga pu)、马来西亚(mo l哎 xi ya)、越南(yuek n安)、蒙古(mong gu)、柬埔寨(ji pu z哎)、印度(yin du)、印度尼西亚(ni xi ya)、菲律宾(fi lik bin)、老挝(l凹 wu)、缅甸(mi di)。

2. 惯用语学习

早先	什么都不管	劈头盖脸	两头不着落
老里八早	**死人勿管**	**夹头夹脑**	**半发郎当**
l 凹 li bak z 凹	xi nin vak gu 安	gak d 欧 gak n 凹	b 安 fak lang dang

事刚开头	许许多多	恐惧害怕	天气阴湿
因头勿起	**行情行事**	**汗毛淋淋**	**阴司刮搭**
yin d 欧 vak qi	hang jin hang si	h 安 m 欧 lin lin	yin si guak dak

傻里傻气	非常端正	有能耐者失策	事情无力挽回
寿头刮气	**毕工毕正**	**老鬼失撇**	**死蟹一只**
s 欧 d 欧 guak qi	bik gong bik zen	l 凹 ju sak pik	xi ha yik zak

有各种诱人的主意	杂乱	很会讨好女性	迫不及待
花头花脑	**杂七杂八**	**花功道地**	**极出乌拉**
ho d 欧 ho n 凹	sak qik sak bak	ho gong d 凹 di	jik cak wu la

冒失无头绪	吓讲、乱说	大耍无赖	统统、总共
投五投六	**乱话三千**	**作天作地**	**亨八冷打**
d 欧 ng d 欧 lok	l 安 ho s 哎 qi	zok ti zok di	hang bak lang dang

3. 侬晓得哦

(1) 上海话中的"吃"(1)

"吃"在上海话中可谓是内涵丰富,很多时候、很多地方都可以用"吃",如同北方的"打"。主要有以下一些。

a) 上海话原没有"喝、抽、吸"。用嘴的动作都是"吃"。比如:

我想吃开水,勿要吃香烟。

今朝吃了三杯咖啡。

现在受普通话影响,年轻人也开始说"喝、抽"了。

b) 从事某种工作来谋生。例如:

伊是吃开口饭个。

吃辫碗饭个人侪晓得个。

c) 耗费。例如：

搿桩事体做起来邪气吃力个。
吃力个事体勿要去做。

d) 遭受。例如：

侬再瞎讲，我请侬吃拳头，吃耳光。
今朝拨伊拉爷吃顿生活。

e) 侵占，吞没。例如：

搿眼钞票侬勿好吃脱我个。
我已经拿侬个车、马、炮侪吃脱了。

f) 惹，欺负，占便宜。例如：

我就要来吃吃侬，侬勿要想来吃我。
伊只会得来吃吃我呀！

g) 得到，收。例如：

我外语吃了一只零汤团。
伊拉孙因数学吃只鸭蛋。

h) 敬佩，喜欢，受吸引。例如：

伊最吃我搿一套唻。
我老吃伊个咸，我吃煞脱伊唻！

i) 碰到，遇上。例如

搿部车子经常吃火车，一吃就是半个钟头。
今朝吃着火车，迟到了一刻钟。

(2) 上海话熟语解释

a) 我辣火里，侬辣水里(ngo la$_k$ fu li nong la$_k$ si li)：比喻一个急，一个不急。

我辣火里,侬辣水里,人家急煞了,侬哪能介笃悠悠啦!
再勿走来勿及咪,哪能我辣火里,侬辣水里啦!

b) 面皮老老,肚皮饱饱(mi bi l凹 l凹 du bi b凹 b凹):伸手问人讨东西。常用来调侃。

侬哪能介下作个啦! 面皮老老,肚皮饱饱啊!
侬倒真是面皮老老,肚皮饱饱,辫只口也开得出个。

c) 娘有爷有,勿如自有(niang y欧 ya y欧 vak si si y欧):父母的钱财也不是自己的,不如自己有。

娘有爷有,勿如自有,爷娘再有铜钿也勿来三个。
伊拉爷娘是有钞票个呀! 但是娘有爷有,勿如自有,小人勿争气,坐吃要山空个。

d) 越吃越馋,越困越懒(yuek qik yuek s哎 yuek kun yuek l哎):越爱吃嘴越馋,越睡越想懒。

早浪向勿好困懒觉,越吃越馋,越困越懒晓得哦!
侬勿好吃介许多物事个,真是越吃越馋,越困越懒。

e) 阎王好见,小鬼难挡(ni huang h凹 ji xi凹 ju n哎 dang):大官面前容易说话,小官难对付。

到伊拉单位去啊? 阎王好见,小鬼难挡,门房要拦个。
阎王好见,小鬼难挡,小八辣子只要有一点点权力就要用个。

二十七、游玩大上海

甲：侬 看 上 海 啥 地 方 好 白 相？我 准 备 去
　　nong k安 sang h哎 sa di fang h凹 bak xiang ngo zen b哎 qi

　　兜 个 兜。
　　d欧 gak d欧

乙：侬 辣 上 海 住 几 天 呢？
　　nong lak sang h哎 si ji ti n哎

甲：大 概 三 天 哦。
　　da g哎 s哎 ti va

乙：哎，第 一 天 早 浪 向 好 到 城 隍 庙 去 个。
　　n凹 di yik ti z凹 lang xiang h凹 d凹 sen huang mi凹 qi gak

甲：到 城 隍 庙 去 看 啥 物 事 啊？
　　d凹 sen huang mi凹 qi k安 sa mak si a

乙：九 曲 桥 看 看，湖 心 亭 去 吃 吃 茶，买 眼 梨 膏
　　ji欧 quek ji凹 k安 k安 hu xin din qi qik qik so ma ng哎 li g凹

　　糖 老 啥。
　　dang l凹 sa

甲：好 个，下 半 天 呢？
　　h凹 gak ho b安 ti n哎

乙：下 半 日 可 以 走 走 南 京 路 步 行 街，到 外 滩 看
　　ho b安 nik ku yi z欧 z欧 n安 jin lu bu yin ga d凹 nga t哎 k安

看 万 国 建筑。
k安 v哎 gok ji zok

甲：咸，听 讲 外 滩 是 上 海 个 特色。还 有 哦?
h哎 tin gang nga t哎 si sang h哎 gak dak sak 哎 y欧 va

乙：然后 乘 观 光 隧道 到 浦 东 去。
s安 h欧 cen g安 guang s安 d凹 d凹 pu dong qi

甲：浦 东 有 啥 好 白 相 个?
pu dong y欧 sa h凹 bak xiang gak

乙：可以 登 东 方 明 珠 塔，看 看 上 海 个
ku yi den dong fang min zi tak k安 k安 sang h哎 gak

风 景。
fong jin

甲：咸，对 个，金 茂 大 厦 是 辣 浦 东 个。
h哎 d哎 gak jin m凹 da sa si lak pu dong gak

乙：侬 可 以 到 上 头 去 吃 吃 咖 啡。
nong ku yi d凹 sang d欧 qi qik qik ka fi

甲：葛 末 夜 里 向 呢? 到 啥 地 方 去 白 相?
gak mak ya li xiang n哎 d凹 sa di fang qi bak xiang

乙：可以 沿 牢 滨 江 大 道 走 走，欣 赏 浦 西 个 万
ku yi yi l凹 bin gang da d凹 z欧 z欧 xin sang pu xi gak v哎

国 建筑。
gok ji zok

甲：葛末,第二天哪能介安排呢?
gak mak di ni ti na nen ga 安 ba n哎

乙：上半日参观 上海博物馆,顺带便到城
sang b安 nik c安 g安 sang h哎 bok vak g安 sen da bi d凹 sen

市 规 划 馆 去 看 看。
si gu哎 huak g安 qi k安 k安

甲：下半天呢? 到啥地方去啊?
ho b安 ti n哎 d凹 sa di fang qi a

乙：可以兜兜淮海路,侬 晓 得 哦,新天地老时
ku yi d欧 d欧 hua h哎 lu nong xi凹 dak va xin ti di l凹 si

尚 个 哎!
sang g哎

甲：噢,就是一大 会 址 附 近 啊! 葛 末 夜 到 到 啥
凹 ji欧 si yik da hu哎 zi vu jin a gak mak ya d凹 d凹 sa

地 方 去 啊?
di fang qi a

乙：夜里 向 到 衡 山 路 去 走走,感觉感觉夜
ya li xiang d凹 hen s哎 lu qi z欧 z欧 g安 juek g安 juek ya

上 海 个 风 情。
sang h哎 gak fong jin

甲：乃 讲 第 三 天 个 安 排。
n哎 gang di s哎 ti gak 安 ba

乙：侬假使要看看文化名人街,可以到四川
nong jia si y凹 k安 k安 ven ho min nin ga ku yi d凹 si c安

238

路 多 伦 路 去。
lu du len lu qi

甲:伊 面 有 点 啥?
yi mi y欧 di sa

乙:有 茅 盾 老 啥 住 过 个 弄 堂 房 子,亭 子 间。
y欧 m凹 den l凹 sa si gu gak long dang vang zi din zi g哎

参 观 鲁 迅 个 故 居。
c安 g安 lu xin gak gu ju

甲:侬 有 得 空 陪 陪 我 勿 啦?
nong y欧 dak kong b哎 b哎 ngo vak la

乙:啥 个 闲 话,我 当 然 会 得 陪 侬 白 相 个
sa gak h哎 ho ngo dang s安 w哎 dak b哎 nong bak xiang gak

咾,没 问 题 个。
l凹 mak ven di gak

1. 词语扩充

头(d欧)、头发(fak)、头顶心(dinxin)、脑(n凹)子、秃(tok)顶、光榔(guang lang)头、头颈(jin)、面孔(mi kong)、面架子(ga zi)、人中(nin zong)、额角(ngak gok)头、胡咙(hu long)、胡子、下巴(ho bo)、嘴唇皮(zi sen bi)、舌(sak)头、牙齿(nga ci)、门(men)牙、老虎(l凹 fu)牙、鼻(bik)头、鼻头管(g安)、鼻涕(ti)、耳朵(ni du)、眼睛(ng哎 jin)、眼乌珠(wu zi)、眼泪(li)水、眉毛(mi m凹)、肩胛(ji ga)、颈椎(z安)、背(b哎)心、胸口(xiong k欧)、心(xin)口、心脏(sang)、肚肠(du sang)、手臂(bi)、拳(ju安)头、手背、手心、左(zu)手、右(y欧)手、手指掐(zi kak)、手(s欧)节头、大(小)节头、脚节头(jiakjik d欧)、脚趾(zi)头、脚后跟(h欧 gen)、脚馒(m安)头、脚

239

底(di)心、肚皮(du bi)、黄鱼(huang ng)肚皮。

2. 惯用语学习

前世做坏事	非常小气	稳坐钓鱼台	一心只想做某事
前世作孽	**鬼触臂把**	**笃定泰山**	**独门心思**
xi si zok nik	ju cok bi bo	dok din ta s哎	dok men xin si

无工作、失业	纠缠不休	感到很冤枉	又高又大
吃老米饭	**烦勿清爽**	**冤枉鬼叫**	**能长能大**
qik l凹 mi v哎	v哎 vak qin sang	yu安 wang ju ji	nen sang nen du

徒有外表	脑子不开窍	怠慢不得	很粗野
绣花枕头	**黄鱼脑子**	**推板勿起**	**野头野脑**
xi ho sen d欧	huang ng n凹 zi	t哎 b欧 vak qi	ya d欧 ya n凹

笑逐颜开	什么原因	丢三落四	很抓紧
眯花眼笑	**啥个路道**	**脱头落襻**	**要紧勿煞**
mi ho ng哎 xi凹	sa gak lu d凹	tak d欧 lok p哎	y jin vak sak

形容入了迷	拖拖拉拉	苦苦哀求	指指点点
神昏颠倒	**牵丝扳藤**	**桠求苦恼**	**点点触触**
sen hun di d凹	qi si b哎 den	o ji欧 ku n凹	di di cok cok

3. 侬晓得哦

(1) 语气词"咾"

"咾"可以表达很多不同的语气。主要有以下几个方面:

a) 表示当然

葛么就是咾,侬讲了一眼也勿错个。

搿个又勿是我个错咾。

b) 表示公认

伊末是老来三个咾。

搿桩事体是伊做得对咾。

c) 表示反驳

介怪个,我又没做错脱咾。
侬讲伊走了,伊又没走脱咾!

d) 表示提醒、警告

再辩能下去要出事体咾!
侬再勿困觉我来咾!

e) 表示劝说、商量

慢慢叫再讲,侬现在先回转去咾。
勿要介急,啥事体侪好商量个咾。

f) 表示确认

倻侪有得联系个方法个咾?
伊礼拜三一定去个咾!

g) 表示叮嘱

游戏勿要再白相咾!
介冷个天末多穿两件衣裳咾!

h) 表示应答

我来咾!
伊走咾!

(2) 上海话熟语解释

a) 一只碗勿响,两只碗叮当(yik zak 安 vak xiang liang zak 安 din dang):争吵双方都有责任。

勿要吵咪,一只碗勿响,两只碗叮当,勿可能是伊一家头错个。
一只碗勿响,两只碗叮当,侬勿响了,伊勿会再吵个。

b) 天下吰难事,独怕老面皮(ti ho m n 哎 si dok po l 凹 mi bi):

对脸皮厚的人的无奈。

天下呒难事,独怕老面皮,我对侬一点办法也呒没。

皮介厚人家就没办法了,搿叫天下呒难事,独怕老面皮。

c) 勿听老人言,吃苦在眼前(va_k tin l_凹 nin yi qi_k ku s_哎 ng_哎 xi):不听有经验的人说,马上就要吃亏了。

有经验个人个闲话要听个,侬晓得哦?勿听老人言,吃苦在眼前。

勿听老人言,吃苦在眼前。介许多好经验侬要去听听个。

d) 出门看天色,进门看面色(ca_k men k_安 ti sa_k jin men k_安 mi sa_k):要注意察言观色。

出门看天色,进门看面色。今朝搿个闲话好讲哦,侬要看个呀!

俹领导今朝勿开心辣海,出门看天色,进门看面色。侬勿好响个呀!

e) 老鬼勿脱手,脱手勿老鬼(l_凹 ju va_k ta_k s_欧 ta_k s_欧 va_k l_凹 ju):精明人到手的东西不会轻易给人。

侬要我也要,老鬼勿脱手,脱手勿老鬼,现在辣我手里就是我个哞!

搿个物事末老鬼勿脱手,脱手勿老鬼,侬再欢喜我也勿拨侬个哞!

二十八、小菜涨价了

甲：辩 两 天 哪 能 桩 事 体 啊，小 菜 涨 价 哚！
　　gak liang ti na nen zang si ti a xi凹 c哎 zang gang l哎

乙：我 没 出 去 买 小 菜，勿 晓 得。啥 物 事
　　ngo mak cak qi ma xi凹 c哎 vak xi凹 dak sa mak si

　　涨 啦？
　　zhang la

甲：侪 涨 哚！涨 得 一 塌 糊 涂。
　　s哎 zang l哎 zang dak yik ta hu du

乙：肉 涨 勿 啦？
　　niok zang vak la

甲：涨，腿 肉 今 朝 卖 十 八 块，肋 条、夹 心 侪 上
　　zang t哎 niok jin z凹 ma sak bak ku哎 lak di凹 gak xin s哎 sang

　　去 哚！
　　qi l哎

乙：必 过 现 在 个 肉 也 呒 没 啥 好 吃，侪 是 催
　　bik gu yi s哎 gak niok ha m mak sa h凹 qik s哎 si c安

　　生 个。
　　sang gak

甲：咸，烧 出 来 呒 没 香 味 道 个，老 底 子 是 喷
　　h哎 s哎 cak l哎 m mak xiang mi d凹 gak l哎 di zi si pen

　　喷 香 个 呀！
　　pen xiang gak ya

乙：阿拉到超市里去买哦。
ak lak d凹 c凹 si li qi ma va

甲：超市里个肉侪卖光了,要末明朝再去买买看。
c凹 si li gak niok s哎 ma guang lak y凹 mak min z凹 z哎 qi ma ma k安

乙：鱼呢？鱼涨勿涨？
ng n哎 ng zang vak zang

甲：涨，涨得屋里也勿认得了①。带鱼卖廿三块一斤。
zang zang dak ok li ha vak nin dak lak da ng ma ni哎 s哎 ku哎 yik jin

乙：车扁鱼呢？几铜一斤啊？
co bi ng n哎 ji di yik jin a

甲：车扁鱼要卖五六十块一斤。
co bi ng y凹 ma ng lok sak ku哎 yik jin

乙：蟹咾、虾咾哪能卖？
ha l凹 ho l凹 na nen ma

甲：海虾要卖到三十五块咪！梭子蟹倒勿晓得几铜。
h哎 ho y凹 ma d凹 s哎 sak ng ku哎 l哎 so zi ha d凹 vak xi凹 dak ji di

乙：哎,蔬菜 涨 价 哦?
　　哎 su c哎 zang ga va

甲：涨,青 头 菜② 卖 到 肉 价 钿 咪。
　　zang qin d欧 c哎　ma d凹 niok ga di l哎

乙：别 个 菜 呢?
　　bik gak c哎 n哎

甲：也 涨 了 交 关,卷 心 菜、黄 芽 菜 侪 卖 两
　　ha zang lak ji凹 gu哎 ju安 xin c哎 huang nga c哎 s哎 ma liang

　　块 多 咪。
　　ku哎 du l哎

乙：菠 菜、荠 菜 呢,卖 几 钿?
　　bo c哎 xi c哎 n哎 ma ji di

甲：菠 菜 五 块,荠 菜 八 块。
　　bo c哎 ng ku哎 xi c哎 bak ku哎

乙：芹 菜、老 卜、胡 老 卜、豆 苗、黄 瓜、番 茄 呢?
　　jin c哎 l凹 bok hu l凹 bok d欧 mi凹 huang go f哎 ga n哎

甲：哦 哟,葛 倒 没 记 牢 呀,反 正 侪 涨 了。
　　ok yok gak d凹 mak ji l凹 ya f哎 zen s哎 zang lak

乙：豆 制 品 呢? 豆 制 品 涨 哦?
　　d欧 zi pin n哎 d欧 zi pin zang va

甲：豆 腐、百 叶、烤 麸、素 鸡、水 面 筋、臭 豆 腐,价 钿 侪
　　d欧 vu bak yik k凹 fu su ji si mi jin c哎 d欧 vu ga di s哎

245

上 去 了 呀。
sang qi lak ya

乙：葛 也 没 办 法，蔬 菜 总 归 要 吃 个。人 勿 吃
gak ha mak b哎 fak su c哎 zong gu哎 y凹 qik gak nin vak qik

菜 哪 能 来 三 呢？
c哎 na nen l哎 s哎 n哎

注释：

① 屋里也勿认得了：比喻涨得厉害。② 青头菜：指绿色蔬菜。

1. 词语扩充

梅花(m哎 ho)、腊(lak)梅桃(d凹)花、菜(c哎)花、梨(li)花、荷(hu)花、桂(gu哎)花、菊(juek)花、樱(yin)花、兰(l哎)花、吊(di凹)兰、君子(jun zi)兰、栀子(zi zi)花、喇叭(la ba)花、杜鹃(du ju安)花、鸡冠(ji g安)花、白玉(bak niok)兰、牡丹(m欧 d哎)、月季(yuek ji)、玫瑰(m哎 gu哎)、蔷薇(jiang vi)、夜来香(ya l哎 xiang)、百合(bakhak)、茶(so)花、水仙(si xi)、迎春(nin cen)花、茉莉(mak li)花；

草木(c凹 mok)：杨柳(yang li欧)、梧桐(hu dong)、法国(fak gok)梧桐、香樟(xiang zang)、桃(d凹)树、夹竹(gak zok)桃、竹头(d欧)、竹竿(g安)、梨(li)树、苹果(bin gu)树、玉兰(niok l哎)树、白(bak)玉兰、白杨树、芭蕉(ba ji凹)、银柳(nin li欧)、万年青(v哎 ni qin)、桑(sang)树、桑叶(yik)、红豆(hong d欧)树、黄杨(huang yang)、铁(tik)树、松(song)树、柏(bak)树、水葫芦(si hu lu)、芦苇(lu w哎)、仙人掌(xi nin zang)。

2. 惯用语学习

胡搞	手段很毒辣	胡乱拉扯	得心应手
搞七廿三	**辣手辣脚**	**瞎七搭八**	**熟门熟路**
g凹 qik ni哎 s哎	lak s欧 lak jiak	hak qik dak bak	sok men sok lu

运气好	生命力旺盛	将就些	给点厉害
额角头高	鲜龙活跳	譬如勿是	吃辣货酱
ngak gok d欧 g凹	xi long huak ti凹	pi si vak si	qik lak fu jiang
爱情上有好运气	事情搞糟了	不断重复(贬义)	昏了头
交桃花运	烧夹生饭	炒冷饭头	热大头昏
g凹 d凹 ho yun	s凹 gak sang v哎	c凹 lang v哎 d欧	nik du d欧 hun
闲聊	一个鼻孔出气	吹捧	瞎说
谈山海经	着连裆裤	戴高帽子	嚼舌头根
d哎 s哎 h哎 jin	zak li dang ku	da g凹 m凹 zi	xiak sak d欧 gen
看稀奇的东西	白日做梦	无帮手	不愿意听
看西洋景	做大头梦	唱独角戏	当耳边风
k安 xi yang jin	zu du d欧 mong	cang dok jiak xi	dang er bi fong

3. 侬晓得哦

(1) 语气词"哎"

"哎",上海话中的常用语气助词。可以表达很多种不同的语气。主要有以下一些。

a) 申明或表白

里相还有好个物事哎。

我有五十万资金哎。

b) 劝听、商量

算哎,侬让让伊末好哎!

让伊去坐脱一歇哎!伊吃力煞哎!

c) 提出、指明

拨我戳戳看哎!

侬让伊走一走哎!看看跟脚哦?

d) 表示延续

挌桩事体还没结束哎!

现在辰光还没到哚!

e) 反对、轻蔑

侬讲伊老实,还老实哚!
伊辩个人真也勿清白哚!

f) 提醒、警告

侬可以回转去哚!
我明明看见侬个,还要赖哚!

g) 表示羡慕、称赞

屋里向房子赞哚!
伊有得四房两厅哚!

h) 表示责怪、气愤

侬老早忘记脱我哚!现在来寻我哚!

i) 表示程度高

肉卖到三十块一斤哚!
青菜卖到肉价钿哚!

j) 表示事件的现在状态

伊生毛病哚!
落雨哚!
六点钟哚!

注意:"哚"和"了",上海话里并不相同,但很难确切地用普通话去解释。比如下面的句子:

我陪侬去好哚(我陪你去吧)。
我陪侬去好了(我陪你去吧)。

用普通话去翻译是一样的,但其实语气是不同的。"好哚"带有乞求、期盼、建议、劝告等的感觉;而"好了"就比较直白,不带什么感情色彩。

差头票过两天拨我好了。(出租票过几天给我得了)

这里的"得了"是普通话可以这么说,改换成上海话就是这样表达,翻译成"吧"也同样。

好哞和好了在语调上也不同,说"哞"时语调是往上提的,说"了"时则要用降调。

(2) 上海话熟语解释

a) 吃力勿讨好,阿王炒年糕(qik lik vak t凹 h凹 ak wang c凹 ni g凹):花了力气但得不到好处。

我做了介许多事体,吃力勿讨好,阿王炒年糕,没人讲我好个。

吃力勿讨好,阿王炒年糕。我做介许多事体做啥!

b) 闲时勿烧香,急来抱佛脚(h哎 si vak s凹 xiang jik l哎 b凹 vak jiak):平时懈怠,急时要人帮忙。

关系要常庄保持个呀! 闲时勿烧香,急来抱佛脚,还有啥用场!

闲时勿烧香,急来抱佛脚,侬现在晓得要来寻我啦!

c) 烧香望和尚,一事两勾当(s凹 xiang mang hu sang yik si liang g欧 dang):一事两便,一举两得。

今朝单位叫我来寻侬,我正好要来看侬。烧香望和尚,一事两勾当。

烧香望和尚,一事两勾当。伊要我来寻侬,我也正好要来呀!

d) 满碗饭好吃,满口话难讲(m安 安 v哎 h凹 qik m安 k欧 ho n哎 gang):事情预计得太完美的话不要说。

满碗饭好吃,满口话难讲,现在勿好讲个。

还没晓得会成功哦勿要乱讲,满碗饭好吃,满口话难讲个。

e) 靠人侪是假,跌倒自家爬(k凹 nin s哎 si ga　dik d凹 si ga bo):不依赖别人,受挫要自己想办法补救。

靠人侪是假,跌倒自家爬,千万缓想去依靠人家。

侬想靠人家帮忙?想也缓想,靠人侪是假,跌倒自家爬。

二十九、方言避讳

甲：哎，夜里向到阿拉屋里去吃夜饭好哦？
　　哎 ya li xiang d凹 ak lak ok li qi qik ya v哎 h凹 va

乙：有啥好吃个物事拨我吃啊？
　　y欧 sa h凹 qik gak mak si bok ngo qik a

甲：阿拉娘今朝早浪向买了只白乌龟。
　　ak lak niang jin z凹 z lang xiang ma lak zak bak wu ju

乙：白乌龟？搿是啥个物事啊？
　　bak wu ju gak si sa gak mak si a

甲：噢，就是鹅，辣上海闲话里搭"我"个音老像个。
　　凹 ji欧 si ngu lak sang h哎 h哎 ho li dak ngo gak yin l凹 xiang gak

乙：所以勿叫鹅，叫伊"白乌龟"了？葛倒蛮有意思个。
　　su yi vak ji凹 ngu ji凹 yi bak wu ju lak gak d凹 m哎 y欧 yi si gak

甲：有劲哦？
　　y欧 jin va

乙：辣上海还有啥个勿好讲个闲话哦？
　　lak sang h哎 哎 y欧 sa gak vak h凹 gang gak h凹 ho va

甲：噢,有个。哎,因为"水"搭"尿"个发音老像个,
　　ɐ y欧 gak n凹 yin w哎 si dak si gak fak yin l凹 xiang gak

　　所以勿好讲吃水。
　　su yi vak h凹 gang qik si

乙：葛哪能讲啊?
　　gak na nen gang a

甲：讲吃茶,也好讲吃开水、吃白开水。
　　gang qik so ha h凹 gang qik k哎 si qik bak k哎 si

乙：茶勿是红茶、绿茶、乌龙茶嘛?
　　so vak si hong so lok so wu long so ma

甲：勿是个,假使是红茶、绿茶就讲要摆眼
　　vak si gak jia si si hong so lok so ji欧 gang y凹 bang哎

　　茶叶,叫吃茶叶茶。
　　so yik ji凹 qik so yik so

乙：噢,怪勿得有趟去朋友屋里,伊讲请我
　　凹 gua vak dak y欧 tang qi bang y欧 ok li yi gang qin ngo

　　吃茶,拿来杯开水。
　　qik so no l哎 b哎 k哎 si

甲：还有,当心点,去看生重毛病个朋友
　　哎 y欧 dang xin di qi k安 sang song m凹 bin gak bang y欧

　　嫑带苹果去。
　　vi凹 da bin gu qi

乙：辣也有避讳个啊?
　　gak ha y欧 bi hu哎 ga

甲：有 个 嚎，因 为 搭"病 故"是 同 音。
　　y欧　g凹　yin w哎　dak bin gu si dong yin

乙：葛 好 带 啥 物 事 去 啊？
　　gak h凹 da sa mak si qi a

甲：带 生 梨 去 就 好 了，"生 梨、生 梨"，毛 病 "生"
　　da sang li qi ji欧 h凹 lak sang li sang li m凹 bin sang

　　得 "吉 利" 嘛。
　　dak jik li ma

乙：倒 蛮 有 趣 个。还 有 哦？再 讲 讲 看。
　　d凹 m哎 y欧 qu gak 　哎 y欧 va z哎 gang gang k安

甲：假 使 想 送 只 "钟" 拨 朋 友 也 是 可 以 个，
　　jia si xiang song zak zong bak bang y欧 ha si ku yi gak

　　但 一 定 要 搭 "书" 一 道 送。
　　d哎 yik din y凹 dak si yik d凹 song

乙：搭 "书" 一 道 送，辫 算 啥 名 堂 啊？
　　dak si yik d凹 song gak s安 sa min dang a

甲："始、书"同 音。所 谓 "有 始 有 终"。
　　si si dong yin su w哎 y欧 si y欧 zong

乙：乃 我 晓 得 了。
　　n哎 ngo xi凹 dak lak

甲：到 阿 拉 屋 里 去 勿 啦，吃 顿 饭，白 相 相 呀。
　　d凹 ak lak ok li qi vak la qik den v哎 bak xiang xiang ya

253

乙：好 个 呀。侬 讲 买 眼 啥 物 事 拨 倷 爷
　　h凹 gak ya nong gang ma ng哎 sa mak si bak na ya

　　娘 呢？
　　niang n哎

甲：要 末 带 两 瓶 葡 萄 酒 好 咪。
　　y凹 mak da liang bin bu d凹 ji欧 h凹 l哎

乙：好 个。葛 末 我 六 点 钟 到。侬 来 接 我
　　h凹 gak gak mak ngo lok di zong d凹 nong l哎 jik ngo

　　好 哦？
　　h凹 va

甲：我 辣 下 头 等 侬，嫑 迟 到 噢。
　　ngo lak ho d欧 den nong vi凹 si d凹 凹

1. 词语扩充

十二生肖(sak ni sang xi凹)：老虫(l凹 song)、牛(ni欧)、老虎(l凹 fu)、兔子(tu zi)、龙(long)、蛇(so)、马(mo)、羊(yang)、活狲(huak sen)、鸡(ji)、狗(g欧)、猪猡(zi lu)；

动物(dong vak)：狮子(si zi)、象鼻头(xiang bik d欧)、狼(lang)、黄鼠(huang ci)狼、松(song)鼠、金钱豹(jin xi b凹)、狐狸(hu li)、熊猫(yong m凹)、狗(g欧)熊、狗、梅花鹿(m哎 ho lok)、长颈(sang jin)鹿、猫咪(m凹 mi)、蝙蝠(bi fok)、鸟(ni凹)、老鹰(l凹 yin)、孔雀(kong qiak)、麻(mo)雀、八哥(bak gu)、画眉(ho m哎)、仙鹤(xi ngok)、乌龟(wu ju)、甲鱼(jiak ng)、蟛蜞(bang ji)、青蛙(qin o)、癞蛤巴(la gak bo)、拿摩温(na mo wen)。

2. 惯用语学习

总共 **一塌刮子** yik tak guak zi	衣冠不整的样子 **添里拖拉** ti li ta la	形容非常矮 **矮北落托** a bok lok tok	杂乱的样子 **杂格龙冬** sak gak long dong
勤奋努力写作 **啃支啃支** ken zi ken zi	搬弄是非 **搬嘴搬舌** b安 zi b安 sak	察言观色 **鉴貌辨色** ji m凹 bi sak	乱说 **瞎三话四** hak s哎 ho si
嬉皮笑脸 **嘻皮榻脸** xi bi tak li	不断地挑拣 **横拣竖拣** huang g哎 si g哎	又白又肥 **雪白滚壮** xik bak gun zang	十分啰嗦 **啰里八苏** lu li bak su
碧绿 **碧绿生青** bjk lok sang qin	非常圆 **的粒滚圆** dik lik gun yu安	非常硬 **石刮挺硬** sak guak tin ngang	形容非常方正 **的角四方** dik gok si fang
形容又松又脆 **刮辣松脆** guak lak song c哎	形容非常新 **赤刮辣新** cak guak lak xin	形容非常平整 **煞辣势平** sak lak si bin	形容非常直 **笔笃势直** bik dok si sak

3. 侬晓得哦

(1) 上海话语气词

a) "个嚎",表示怜惜:

勿晓得搿两年伊日脚是哪能过个嚎?

b) "个咸",表示称赞:

伊老来三个咸,到上海工作只有三年房子就买好味。

c) "个欧",表示羡慕或反感:

伊老俏算个欧,一歇歇到香港去,一歇歇到新加坡去味!
搿个人老会得拍领导个马屁个欧!

d) "个呀",表示赞同:

好个呀,侬没空就缓来好味,总归随便侬个呀。

伊面我也去个呀!

e) "个啦",表示埋怨或责备:

侬哪能搿能样子个啦!

搿句闲话啥人讲出来个啦!

f) "啊呀",表示着急、惊呼:

啊呀,皮夹子呒没了!有贼骨头!

哎呀,包拉了介大只口子啊!

(2) 上海话熟语解释

a) 篱笆扎得紧,野狗钻勿进(li bo za_k da_k jin ya g欧 z安 va_k jin):防备严密坏人就无空子可钻。

门窗关关紧,贼骨头就进勿来了。搿叫:篱笆扎得紧,野狗钻勿进。

篱笆扎得紧,野狗钻勿进。防备工作要做好。

b) 上气勿接下气,当中横里断气(sang qi va_k ji_k ho qi dang zong huang li d安 qi):对人气喘吁吁的戏谑。

六楼忒高了,爬勿上去。爬得来是上气勿接下气,当中横里断气了。

电梯坏脱了,乃末十八楼只好爬上去,叫做上气勿接下气,当中横里断气。

c) 冷粥冷饭好吃,冷言冷语难挡(lang zo_k lang v哎 h凹 qi_k lang yi lang nü n哎 dang):宁肯身处贫寒,不愿受人嘲讽。

冷粥冷饭好吃,冷言冷语难挡,我再勿去借伊个钞票哝。

要我去求伊啊!要晓得冷粥冷饭好吃,冷言冷语难挡。拨伊讲一顿勿高兴。

d) 含辣嘴里怕烊,捏辣手里怕冷(h安 la_k zi li pa yang ni_k la_k

s欧 li pa lang)：比喻对孩子的百般宠爱。

小人勿要忒宝贝,含辣嘴里怕烊,捏辣手里怕冷,将来有得苦哤!

含辣嘴里怕烊,捏辣手里怕冷,搿种小人大起来没出息个。

e) 棒头浪出孝子,筷头浪出忤逆(bang d欧 lang caₖ xi凹 zi ku哎 d欧 lang caₖ wu niₖ)：教子要从严。

小人哪能好勿做规矩啊!棒头浪出孝子,筷头浪出忤逆。

棒头浪出孝子,筷头浪出忤逆,规矩要做个,该要骂个辰光哪能可以勿骂啦!

三十、我会说上海话了

甲：哎，长 远 勿 看 见 侬 了，侬 辣 辣 啥 地 方
　　哎 sang yu安 vak k安 ji nong lak nong lak lak sa di fang

　　忙 啦？
　　mang la

乙：噢，我 辣 辣 学 上 海 闲 话 哎！
　　凹 ngo lak lak hok sang h哎 h哎 ho

甲：噢，我 忘 记 脱 了，对 个 呀，侬 勿 是 上
　　凹 ngo mang ji tak lak d哎 gak ya nong vak si zang

　　海 人。
　　h哎 nin

乙：恩，我 是 从 台 湾 来 个 呀！
　　en ngo si song d哎 w哎 l哎 gak ya

甲：咦，侬 上 海 闲 话 讲 得 蛮 好 了 嘛。哪 能
　　yi nong sang h哎 h哎 ho gang dak m哎 h凹 lak ma na nen

　　介 学 个 啊？
　　ga hok ga

乙：我 只 学 了 廿 四 个 钟 头 哎。侬 看 哪 能？
　　ngo zak hok lak ni哎 si gak zong d欧 哎 nong k安 na nen

　　来 三 哦？
　　l哎 s哎 va

甲：葛 倒 是 勿 简 单 个。哎，侬 觉 着 上 海 闲 话
　　gak d凹 si vak ji d哎 gak 哎 nong gok sak sang h哎 h哎 ho

难学哦?
n哎 hok va

乙:便当来西个,搭英文老像个呀。
bi dang l哎 xi gak dak yin ven l凹 xiang gak ya

甲:真个啊?侬倒讲讲看呢。
zen gak a nong d凹 gang gang k安 n哎

乙:侬看,英文里向"书"跟"写字台"哪能
nong k安 yin ven li xiang si gen xia si d哎 na nen

讲个啊?
gang ga

甲:book、desk呀。
bok d哎sk ya

乙:上海闲话个"薄"搭"台"就是辫能样子发
sang h哎 h哎 ho gak bok dak d哎 ji欧 si gak nen yang zi fak

音个。
yin gak

甲:咸,真个呕。还有哦?
h哎 zen gak n凹 哎 y欧 va

乙:英文里向"门"、"动物园"哪能介发
yin ven li xiang men dong vak yu安 na nen ga fak

音个?
yin gak

甲：door、zoo 呀！介 便 当 个。
　　d凹 su ya ga bi dang gak

乙：就 是 上 海 闲 话 里 个"逃"搭 仔"坐"。
　　ji欧 si sang h哎 h哎 ho li gak d凹 dak zi su

甲：咸，倒 蛮 好 白 相 个 嘛！
　　h哎 d凹 m哎 h凹 bak xiang gak ma

乙：英 文 个"工 作"哪 能 讲 个？
　　yin ven gak gong zok na nen gang gak

甲：job 呀，是 勿 啦？
　　ji凹 b ya si vak la

乙：搭 上 海 人 讲 个"桥"个 音 差 勿 多 个。
　　dak sang h哎 nin gang gak ji凹 gak yin co vak du gak

甲：听 讲 上 海 闲 话 发 音 搭 法 语 也 老 像 个。
　　tin gang sang h哎 h哎 ho fak yin dak fak nü ha l凹 xiang gak

乙：咸，法 语 里 有 只"安"，所 以，上 海 人 学 法 语 也
　　h哎 fak nü li y欧 zak 安　 su yi sang h哎 nin hok fak nü ha

便 当 个。
bi dang gak

甲：人 家 讲 上 海 闲 话 搭 日 本 闲 话 发 音 也
　　nin ga gang sang h哎 h哎 ho dak sak ben h哎 ho fak yin ha

老 像 个哎。对 哦？
l凹 xiang g哎 d哎 va

乙：是个呀！侬听好噢：鞋子坏脱鞋带先坏，裤
　　si gak ya　nong tin h凹 　ha zi hua tak ha da xi hua ku

　　子坏脱裤带先坏。
　　zi hua tak ku da xi hua

甲：鞋带先坏，裤带先坏，真个呃！哪能介像
　　ha da xi hua ku da xi hua zen gak n凹　na nen ga xiang

　　个啦！
　　gak la

乙：搿个就是上海人学外语比北方人便
　　gak gak ji欧 si sang h哎 nin hok nga nü bi bok fang nin bi

　　当个原因。
　　dang gak nü 安 yin

甲：照侬讲起来，方言还是老有用场
　　z凹 nong gang qi l哎 fang yi 哎 si l凹 y欧 yong sang

　　个咾？
　　gak l凹

乙：是个呀，推广普通话，勿是要消灭方言。
　　si gak ya t哎 guang pu tong ho vak si y凹 xi凹 mik fang yi

甲：葛倒是个，方言没了，交关地方戏剧也
　　gak d凹 si gak fang yi mak lak ji凹 gu哎 di fang xi jiak ha

　　就失传了。
　　ji欧 sak s安 lak

1. 词语扩充

小虫(xi凹 song)：苍蝇(cang yin)、蚊子(men zi)、蟑螂(zang lang)、螳(dang)螂、蜻蜓(qin din)、蝴蝶(hu dik)、麦(mak)蝴蝶、

蛇(so)、百脚(ba_k jia_k)、蚕宝(s安 b凹)宝、蜘蛛(zi zi)、蜘蛛网(mang)、蚂蚁(mo ni)、蝼蛄(l欧 gu)、蚯蚓(qi欧 yin)、蜗牛(wu ni欧)、蜈蚣(hu gong)、水涎蚰(si yi y欧)、壁虎(bi_k fu)、老白虱(l凹 ba_k sa_k)、金铃(jin lin)子、金胡(hu)虫、皮(bi)虫、蛀(zi)虫、刺毛(ci m凹)虫、毛毛虫、臭(c欧)虫、鱼(ng)虫、血吸(xue_k xi_k)虫、萤火(yin fu)虫、跳蚤(ti凹 z凹)、蛰虮(s哎 ji_k)、叫哥(ji凹 gu)哥、蜜蜂(mi_k fong)、胡(hu)蜂、泥鳅(ni qi欧)、蚂蟥(mo huang)、知了(zi li凹)、药胡翅(ya_k hu ci)、药史太(si ta)、哑板(o b哎)、纺织娘(fang za_k niang)、油葫芦(y欧 hu lu)。

2. 惯用语学习

丝丝牵连 **筋筋拉拉** jin jin la la	毛骨悚然 **寒毛凛凛** h安 m凹 lin lin	妨碍旁人 **碍手碍脚** ng哎 s ng哎 jia_k	对某人行为不满 **碰着点啥** bang za_k di sa
凶狠的样子 **强凶极恶** jiang xiong ji_k o_k	互相配合 **一搭一档** yi_k da_k yi_k dang	没什么好说的 **呒啥话头** m sa ho d欧	说话做事不踏实 **勿着勿落** va_k sa_k va_k lo_k
指人或事很少见 **少有少见** s凹 y欧 s凹 ji	总共 **夯拨郎当** hang ba_k lang dang	瞎写 **有写呒写** y欧 xia m xia	长幼之间没分寸 **呒大呒小** m du m xi凹
勤恳创业 **爬死爬活** bo xi bo huo_k	抬头抬脚 **扛头扛脚** gang d欧 gang jia_k	阴险、奸诈 **阴司促搯** yin si co_k ka_k	假装蠢笨 **装野胡弹** zang ya hu d哎
没头没脑 **呒头呒脑** m d欧 m n凹	很凌乱的样子 **七歪八牵** qi_k hua ba_k qi	不伦不类 **勿二勿三** va_k ni va_k s哎	很有派头 **派头一六** pa d欧 yi_k lo_k

3. 侬晓得哦

(1)上海话叹词

a)"喔唷",表示惊讶、感叹、赞叹等:

喔唷,长远勿看见咮!

喔唷,真吃力啊!
喔唷,进了只好球!

b)"咦",表示惊异、厌恶:

咦,㪗只皮夹子是我个嘛!
咦,啥人要侬来瞎起劲啦!

c)"唷",表示惊讶、疑问:

唷,鞋里阵风拿侬吹得来了啦?
唷,哪能㪗能样子个?

d)"鞋",表示没听清楚:

鞋,侬辣讲啥?再讲一遍。
鞋,有啥事体哦?

e)"咸",表示肯定:

咸,刚刚烧出来个鱼好吃,冷脱就勿好吃了。
咸,伊是来了呀。

f)"呣",表示疑问、不同意:

呣,啥事体啊?
呣,我勿高兴做。

g)"喏",表示威胁:

侬再敢来碰我一记喏!
啥人敢讲喏,明朝伊就勿要再来了。

h)"哼、呸",表示愤怒、鄙视、反感、责怪:

哼!㪗种人我就看勿起。
哼!侬来做啥?
呸!我看也勿要看伊。

呸!还讲伊来三昧!

(2) 上海话熟语解释

a) 毛头姑娘十八变,临到上轿变三变(m凹 d欧 gu niang sak bak bi lin d凹 sang ji凹 bi s哎 bi):形容年轻姑娘越变越美。

伊拉囡儿越来越好看哦,真是毛头姑娘十八变,临到上轿变三变。

㑚囡儿勿好看啊?毛头姑娘十八变,临到上轿还要变三变哦。勿要紧个。

b) 一把年纪活辣狗身浪(yik bo ni ji huok lak g欧 sen lang):白白活到那么大。

搿个人是一眼道理也勿晓得个,一把年纪活辣狗身浪呀!

一把年纪活辣狗身浪,介勿讲道理个人勿要去理睬伊。

c) 眼睛一眨,老母鸡变鸭(ng哎 jin yik sak l凹 mu ji bi ak):形容变化迅速。

刚刚辣海个,哪能眼睛一眨,老母鸡变鸭,走脱了啦!

眼睛一眨,老母鸡变鸭,前头还有交关哦,哪能全部吃光了啦!

d) 千算万算,勿如老天一算(qi s安 v哎 s安 vak si l凹 ti yik s安):表面算计都算不过老天。

勿要去算伊,千算万算,勿如老天一算。到辰光再讲哦。

千算万算,勿如老天一算,现在穷算八算没啥用场个。

e) 金窠银窠,不如自家狗窠(jin ku nin ku vak si si ga g欧 ku):再好的地方不如自己的寒舍。

我还是欢喜蹲辣自家屋里,金窠银窠勿如自家狗窠。

金窠银窠勿如自家狗窠,屋里向再推板也是好个。

附录 上海儿歌辑选

1. 鸡鸡斗

    鸡鸡斗,虫虫飞,
    飞到高山吃白米。

2. 新剃头

    新剃头,要打头,
    勿打三记触霉头。

3. 背背驼

    背背驼,卖猪猡,
    开年买脱侬。

4. 冬瓜皮

    冬瓜皮,西瓜皮,
    小姑娘赤膊老面皮。

5. 捉蜻蜓

    天灵灵,地灵灵,
    茅草窠里捉蜻蜓。

6. 赖学精

    赖学精,赖学精,
    书包掼了屋头顶,
    看见老师难为情。

7. 敲洋钉

长脚鹭鸶敲洋钉,
敲来敲去敲勿进,
原来是只螺丝钉。

8. 落雨喽

落雨了,打烊了,
小八腊子开会了,
大头娃娃跳舞了。

9. 哭烛包

一歇哭,一歇笑,
两只眼睛开大炮。
一开开到城隍庙,
城隍老爷哈哈笑。

10. 香乌笋

登个里个登,
香乌笋!
吃了肚皮痛,
勿吃胃气痛。

11. 排排坐,吃果果

排排坐,吃果果。
侬一只,我一只,
小弟弟勿来留一只。

排排坐,吃果果,
幼儿园里朋友多,
朋友多,好唱歌。

12. 金锁银锁

金锁、银锁,
咯嘞嘞嘞一锁,
花轿子抬过,
马兰头挑过,
锁到啥人算数。

13. 拉拉小辫子

拉拉小辫子,
点点小鼻头,
拉拉小耳朵,
翘翘小嘴巴,
呵呵痒欠欠。

14. 上楼梯

甲:喔唷哇!喔唷哇!
乙:做啥啦?
甲:蚊子咬我呀!
乙:快点上来呀!
甲:吭没路梯呀!
乙:自家爬上来呀!

15. 小螺蛳

小螺蛳,真可笑,
造房子,不用脑。
前门造得圆又大,
后门造得尖又小。
自家想想难为情,
见人就拿门关牢。

16. 新年到

新年到,放炮仗,
噼噼啪啪真热闹。
吊龙灯,踏高跷,
阿奶笑得弯了腰,
大大笑得胡子翘。

17. 好宝宝

阿拉侪是好宝宝,
上课小手摆摆好,
小脚并并拢,
小眼睛,看老师,
小耳朵,听老师,
要讲闲话先举手,
大家侪是好宝宝。

18. 讨小狗

(甲)笃笃笃,卖糖粥。
三斤蒲桃四斤壳。
吃侬肉,还你壳,
张家老伯伯辣辣哦?
(乙):辣辣个。
(甲):问侬讨只小花狗。
(乙):侬来拣一只好唻。
(众人):汪汪、汪汪、汪汪。

19. 一到十

一双鞋子两样个,
三年前头四川买来个,

五颜六色个,
七支八搭个。
究(九)竟哪能个?
实(十)在好看个。

20. 上海小吃

上海小吃花样多,
大饼油条小笼包,
咸浆锅贴肉馒头,
老虎脚爪粢饭糕,
粢饭炝饼小馄饨,
吃好今朝想明朝。

21. 嘟嘟飞

嘟嘟飞,虫虫飞,
拍拍小手虫虫飞;
嘟嘟飞,虫虫飞,
扇扇翅膀虫虫飞;
嘟嘟飞,虫虫飞,
翻只跟斗虫虫飞;
嘟嘟飞,虫虫飞,
恭喜拜年虫虫飞。

22. 尾巴

啥人尾巴长?
猴子尾巴长。
啥人尾巴短?
兔子尾巴短。
啥人尾巴像把伞?

松鼠个尾巴像把伞。
啥人尾巴扁?
鸭子尾巴扁。
啥人个尾巴像扇子?
孔雀的尾巴像扇子。

23. 称呼

宝宝个妈妈叫姆妈,
姆妈个姆妈叫外婆,
姆妈个阿伯叫外公。
宝宝个爸爸叫阿伯,
阿伯个阿伯叫大大,
阿伯个姆妈叫阿奶。

24. 抽中指

抽中指,打赖皮,
掮锄头,赶野鸡;
野菱戳痛脚,
连忙寻膏药,
膏药讨勿着,
烂脱半只脚,
还要搔搔"狗脚底"。

25. 摇到外婆桥

摇啊摇,摇到外婆桥,
外婆叫我好宝宝。
请吃糖,请吃糕,
糖啊糕啊莫吃饱。
少吃滋味多,

多吃滋味少。

摇啊摇,摇到外婆桥,
外婆叫我好宝宝。
糖一包,果一包,
外婆买条鱼来烧。
头勿熟,尾巴焦,
盛辣碗里吱吱叫,
吃辣肚里豁虎跳。
跳啊跳,一跳跳到卖鱼桥,
宝宝看得哈哈笑。

26. 本来要打千千万万记

本来要打千千万万记,
现在辰光来勿及,
马马虎虎打十记。
一、两、三、四、五、
六、七、八、九、十。
打了十记还勿够,
还要打三记:一、两、三。
山浪有只老虎,老虎要吃人,
拿伊关辣笼子里。
笼子坏脱,老虎逃脱,
逃到南京,买包糖精,
摆辣水里浸一浸,
昂里昂里拉胡琴。

27. 骑马到松江

嘟嘟嘟,嘟嘟嘟,

骑马到松江。
松江老虎叫,
别转马头落北跑。
一跑跑到卖花桥,
桥浪有只鸟,飞到佘山浪,
山浪有只庙,庙里有个小和尚,
"嗯啊嗯啊"要吃绿豆汤,
拨伲打一记,老老实实孵日旺。

28. 数数歌

今朝礼拜一,我去买百叶,百叶价钿一块一角一。
今朝礼拜两,我去买酒酿,酒酿价钿两块两角两。
今朝礼拜三,我去买阳伞,阳伞价钿三块三角三。
今朝礼拜四,我去买螺蛳,螺蛳价钿四块四角四。
今朝礼拜五,我去买黄鱼,黄鱼价钿五块五角五。
今朝礼拜六,我去买落苏,落苏价钿六块六角六。

29. 小皮球

小皮球,小小篮,落地开花二十一。
二五六,二五七,二八二九三十一。
三五六,三五七,三八三九四十一。
四五六,四五七,四八四九五十一。
五五六,五五七,五八五九陆十一。
陆五六,陆五七,陆八陆九七十一。
七五六,七五七,七八七九八十一。
八五六,八五七,八八八九九十一。
九五六,九五七,九八九九一百一。
九五六,九五七,九八九九一百一。

30. 十二月歌

正月里来踢毽子,
二月里来放鹞子,
三月里向荠菜子,
四月里向落花子,
五月端午裹粽子,
六月里向拍蚊子,
七月棉花结铃子,
八月里向吐瓜子,
九月里收葵花子,
十月里向造房子,
十一月里吃栗子,
十二月里养个小儿子。

主要参考书目

钱乃荣. 上海话语法. 上海：上海人民出版社
钱乃荣. 上海方言俚语. 上海：上海社会科学院出版社
丁迪蒙. 学会上海话. 上海：上海大学出版社
丁迪蒙. 学说上海话(第一版). 上海：上海科学技术文献出版社
钱乃荣, 丁迪蒙, 朱贞淼. 妙趣横生上海话. 上海：上海大学出版社
丁迪蒙. 听听说说上海话. 上海：少年儿童出版社

作者简介

丁迪蒙,祖籍上海。1973年向明中学毕业后在农场任小学语文教师五年。后考入复旦大学分校中文系,毕业留校任教。现为上海大学文学院中文系副教授,国家级普通话测试员,上海书法家协会会员。从事大学教学三十余年。近年来在上海电台93.4 MHz"轻松集结号"每周有固定连线答问,浦江之声电台特邀每周侃上海话话题,并为市语委、市语言文字测试中心、杨浦区中小学教师开设上海话教学课程。

主要著作、教材有:

1. 普通话系列:《普通话水平测试指南》《普通话诗文朗读技巧》《普通话水平测试轻松过关》;

2. 上海话系列:《学会上海话》《学说上海话》《妙趣横生上海话》《听听说说上海话》;

3. 硬笔书法系列:《365天轻松学好硬笔字》《趣味硬笔行楷书写速成》;

4. 对外汉语系列:《做游戏学汉语》(汉语短训班教材)、《对外汉语课堂教学技巧》、《文化语言学教程》。